城南旧事

林海音 著

中国友谊出版公司

图书在版编目（CIP）数据

城南旧事 / 林海音著. -- 北京 : 中国友谊出版公司, 2023.7

ISBN 978-7-5057-5665-6

Ⅰ. ①城… Ⅱ. ①林… Ⅲ. ①短篇小说 - 小说集 - 中国 - 当代②散文集 - 中国 - 当代 Ⅳ. ①I217.2

中国国家版本馆CIP数据核字(2023)第106946号

书名　城南旧事
作者　林海音
出版　中国友谊出版公司
发行　中国友谊出版公司
经销　北京时代华语国际传媒股份有限公司　010-83670231
印刷　北京盛通印刷股份有限公司
规格　880×1230 毫米　32 开
　　　7.5 印张　160 千字
版次　2023 年 7 月第 1 版
印次　2023 年 7 月第 1 次印刷
书号　ISBN 978-7-5057-5665-6
定价　58.00 元
地址　北京市朝阳区西坝河南里 17 号楼
邮编　100028
电话　（010）64678009

目 录

壹 城南旧事

我是多么想念童年住在北京城南的那些景色和人物啊！我对自己说，把它们写下来吧，让现实的童年过去，心灵的童年永存下来。

贰 忆城南，谈旧事

我默默地想，慢慢地写。看见冬阳下的骆驼队走过来，听见缓慢悦耳的铃声，童年重临于我的心头。

壹

城南旧事

我是多么想念童年住在北京城南的那些景色和人物啊！
我对自己说，把它们写下来吧，
让现实的童年过去，心灵的童年永存下来。

惠安馆

一

太阳从大玻璃窗透进来，照到大白纸糊的墙上，照到三屉桌上，照到我的小床上来了。我醒了，还躺在床上，看那道太阳光里飞舞着的许多小小的、小小的尘埃。宋妈过来掸窗台，掸桌子，随着鸡毛掸子的舞动，那道阳光里的尘埃加多了，飞舞得更热闹了，我赶忙拉起被来蒙住脸，是怕尘埃把我呛得咳嗽。

宋妈的鸡毛掸子轮到来掸我的小床了，小床上的棱棱角角她都掸到了，掸子把儿碰在床栏上，咯咯地响，我想骂她，但她倒先说话了："还没睡够哪！"说着，她把我的被大掀开来，我穿着绒裤褂的身体整个露在被外，立刻就打了两个喷嚏。她强迫我起来，给我穿衣服。印花斜纹布的棉袄棉裤，都是新做的；棉裤筒多可笑，可以直立放在那里，就知道那棉花多厚了。

妈正坐在炉子边梳头，倾着身子，一大把头发从后脖子顺过来，她就用篦子篦呀篦呀的，炉子上是一瓶玫瑰色的发油，天气冷，油凝住了，总要放在炉子上化一化才能搽。

窗外很明亮，干秃的树枝上落着几只不怕冷的小鸟。我在想，什么时候那树上才能长满叶子呢？这是我们在北京过的第一个冬天。

妈妈还说不好北京话，她正在告诉宋妈，今天买什么菜。妈不会说“买一斤猪肉，不要太肥”。她说：“买一斤租漏，不要太回。”

妈妈梳完了头，用她的油手抹在我的头发上，也给我梳了两条辫子。我看宋妈提着篮子要出去了，连忙喊住她：

“宋妈，我跟你去买菜。”

宋妈说：“你不怕惠难馆的疯子？”

宋妈是顺义县人，她也说不好北京话，她说成“惠难馆”，妈说成“灰娃馆”，爸说成“飞安馆”，我随着胡同里的孩子说“惠安馆”，到底哪一个对，我不知道。

我为什么要怕惠安馆的疯子？她昨天还冲我笑呢！她那一笑真有意思，要不是妈紧紧拉着我的手，我就会走过去看她，跟她说话了。

惠安馆在我们这条胡同的最前一家，三层石台阶上去，就是两扇大黑门凹进去，门上横着一块匾，路过的时候爸教我念过：“飞安会馆”。爸说里面住的都是从“飞安”那个地方来的学生，像叔叔一样，在大学里念书。

“也在北京大学？”我问爸爸。

“北京的大学多着呢，还有清华大学呀！燕京大学呀！”

“可以不可以到飞安——不，惠安馆里找叔叔们玩一玩？”

“做唔得！做唔得！”我知道，我无论要求什么事，爸终归要拿这句客家话来拒绝我。我想总有一天我要迈上那三层台阶，走进那黑洞洞的大门里去的。

惠安馆的疯子我看见好几次了，每一次只要她站在门口，宋妈或者妈就赶快捏紧我的手，轻轻说：“疯子！”我们就擦着墙边走过去，我如果要回头再张望一下，她们就用力拉我的胳膊制止我。其实那疯子还不就是一个梳着油松大辫子的大姑娘，像张家李家的大姑娘一样！她总是倚着门墙站着，看来来往往过路的人。

是昨天，我跟着妈妈到骡马市的佛照楼去买东西，妈是去买搽脸的鸭蛋粉，我呢，就是爱吃那里的八珍梅。我们从骡马市大街回来，穿过魏染胡同，西草厂，到了椿树胡同的井窝子，井窝子斜对面就是我们住的这条胡同。刚一进胡同，我就看见惠安馆的疯子了，她穿了一身绛紫色的棉袄，黑绒的毛窝，头上留着一排刘海儿，辫子上扎的是大红绒绳，她正把大辫子甩到前面来，两手玩弄着辫梢，愣愣地看着对面人家院子里的那棵老洋槐。干树枝子上有几只乌鸦，胡同里没什么人。

妈正低头嘴里念叨着，准是在算她今天一共买了多少钱的东西，好跟无事不操心的爸爸报账，所以妈没留神已经走到了“灰娃馆”。我跟在妈的后面，一直看疯子，竟忘了走路。这时疯子的眼光从洋槐上落下来，正好看到我，她眼珠不动地盯着我，好像要在我的脸上找什么。她的脸白得发青，鼻子尖有点红，大概是冷风吹冻的，尖尖的下巴，两片薄嘴唇紧紧地闭着。忽然她的嘴唇动了，眼睛也眨了两下，带着笑，好像要说话，弄着辫梢的手也向我伸出来，招我过去呢。不知怎么，我浑身大大地打了一个寒战，跟着，我就随着她的招手和笑意要向她走去。可是妈回过头来了，突然把我一拉：

“怎么啦，你？”

“嗯？”我有点迷糊。妈看了疯子一眼，说：

“为什么打哆嗦？是不是怕——是不是要溺尿？快回家！”我的手被妈使劲拖拉着。

回到家来，我心里还惦念着疯子的那副模样儿。她的笑不是很有意思吗？如果我跟她说话——我说：“嘿！”她会怎么样呢？我愣愣地想着，懒得吃晚饭，实在也是八珍梅吃多了。但是晚饭后，妈对宋妈说：

“英子一定吓着了。”然后给我沏了碗白糖水，叫我喝下去，并且命令我钻被窝睡觉……

这时，我的辫子梳好了，追了宋妈去买菜，她在前面走，我在后面跟着。她的那条恶心的大黑棉裤，那么厚，那么肥，裤脚绑着。别人告诉妈说，北京的老妈子很会偷东西，她们偷了米就一把一把顺着裤腰装进裤兜子，刚好落到绑着的裤脚管里，不会漏出来。我在想，宋妈的肥裤脚里，不知道有没有我家的白米？

经过惠安馆，我向里面看了一下，黑门大开着，门道里有一个煤球炉子，那疯子的妈妈和爸爸正在炉边煮什么，大家都管疯子的爸爸叫“长班老王”，长班就是给会馆看门的，他们住在最临街的一间屋子。宋妈虽然不许我看疯子，但是我知道她自己也很爱看疯子，打听疯子的事，只是不许我听不许我看就是了。宋妈这时也向惠安馆里看，正好疯子的妈妈抬起头来，她和宋妈两人同时说："吃了吗？您！"爸爸说北京人一天到晚闲着没有事，不管什么时候见面都要问吃了没有。

出了胡同口往南走几步，就是井窝子，这里满地是水，有的地方结成薄薄的冰，独轮水车来一辆去一辆，他们扭着屁股推车，车子吱吱扭扭地响，好刺耳，我要堵起耳朵啦！井窝子有两个人正向深井里打水，水打上来倒在一个好大的水槽里，推水的人就在大水槽里接了水再送到各家去。井窝子旁住着一个我的朋友——和我一般高的妞儿。我这时停在井窝子旁边不走了，对宋妈说：

"宋妈，你去买菜，我等妞儿。"

妞儿，我第一次是在油盐店里看见她的。那天她两只手端了两个碗，拿了一大枚，又买酱，又买醋，又买葱，伙计还逗着说："妞儿，唱一段才许你走！"妞儿眼里含着泪，手摇晃着，醋都要洒了，我有说不出的气恼，一下蹿到妞儿身旁，叉着腰问他们：

"凭什么？"

就这样，我认识了妞儿。

妞儿只有一条辫子，又黄又短，像妈在土地庙给我买的小狗的尾巴。第二次看见妞儿，是我在井窝子旁边看打水。她过来了，一声不响地站在我身边，我们俩相对着笑了笑，不知道说什么好。过一会儿，我就忍不住去摸她那条小黄辫子了，她又向我笑了笑，指着后面，低低的声音说：

“你就住在那条胡同里？”

“嗯。”我说。

“第几个门？”

我伸出手指头来算了算：

“一，二，三，四，第四个门。到我们家来玩儿。”

她摇摇头说：“你们胡同里有疯子，妈不叫我去。”

“怕什么？她又不吃人。”

她仍然是笑笑地摇摇头。

妞儿一笑，眼底下鼻子两边的肉就会有两个小旋涡，很好看，可是宋妈竟跟油盐店的掌柜说：

“这孩子长得俊倒是俊，就是有点薄，眼睛太透亮了，老像水汪着，你看，眼底下有两个泪坑儿。”

我心里可是有说不出的喜欢她，喜欢她那么温和，不像我一急宋妈就骂我的：“又跳？又跳？小暴雷。”那天她跟我在井窝子边站了一会儿，就小声地说：“我要回去了，我爹等着我吊嗓子。赶明儿见！”

我在井窝子旁跟妞儿见过几次面了，只要看见红棉袄裤从那边闪过来，我就满心的高兴，可是今天，等了好久都不见她出来，很失望，我的绒褂子口袋里还藏着一小包八珍梅，要给妞儿吃的。我摸摸，发热了，包的纸都破烂了，黏糊糊的，宋妈洗衣服时，我还得挨她一顿骂。

我觉得很没意思，往回家走，我本来想今天见着妞儿的话，就告诉她一个好主意，从横胡同穿过到我家，就用不着经过惠安馆，不用怕看见疯子了。

我低头这么想着，走到惠安馆门口了。

“嘿！”

吓了我一跳！正是疯子。咬着下嘴唇，笑着看我。她的眼睛里透亮，一笑眼底下——就像宋妈说的，怎么也有两个泪坑儿呀！我想看清楚她,我是多么久以前就想看清楚她的。我不由得对着她的眼神走上了台阶。太阳照在她的脸上，常常是苍白的颜色，今天透着亮光了。揣在短棉袄里的手伸出来拉住我的手，那么暖，那么软。我这时看看胡同里，没有一个人走过。真奇怪，我现在怕的不是疯子，倒是怕人家看见我跟疯了拉手了。

“几岁了？”她问我。

“嗯——六岁。”

“六岁！”她很惊奇地叫了一声，低下头来，忽然撩起我的辫子看我的脖子，在找什么。“不是。”她喃喃地自己说话，接着又问我：

“看见我们小桂子没有？”

“小桂子？”我不懂她在说什么。

这时大门里疯子的妈妈出来了，皱着眉头怪着急地说：

“秀贞,可别把人家小姑娘吓着呀！”又转过脸来对我说：

“别听她的，胡说呢！回去吧！等回头你妈不放心。嗯，听见没有？”她说着，用手扬了扬，叫我回去。

我抬头看着疯子,知道她的名字叫秀贞了。她拉着我的手，轻摇着，并不放开我。她的笑，增加了我的勇气，我对老的说：

“不！”

“小南蛮子儿！”秀贞的妈妈也笑了，轻轻地指点着我的脑门儿，这准是一句骂我的话，就像爸爸常用看不起的口气对妈说“他们这些北仔鬼”是一样的吧！

“在这儿玩不要紧，你家来了人找，可别赖是我们姑娘招的你。”

“我不说的啦！”何必这么嘱咐我？什么该说，什么不该说，我都知道。妈妈打了一只金镯子，藏在她的小首饰箱里，我从来不会告诉爸爸。

“来！”秀贞拉着我往里走，我以为要到里面那一层一层很深的院子里去找上大学的叔叔们玩呢，原来她把我带进了她们住的门房。

屋里可不像我家里那么亮，玻璃窗小得很，临窗一个大炕，中间摆了一张矮炕桌，上面堆着活计和针线盒子。秀贞从桌上拿起了一件没做完的衣服，朝我身上左比右比，然后高兴地对走进来的她的妈妈说：

“妈，您瞧，我怎么说的，刚合适！那么就开领子吧。”说着，她又找了一根绳子，绕着我的脖子量，我由她摆布，只管看墙上的那张画，画儿是一个白胖大娃娃，没有穿衣服，手里捧着大元宝，骑在一条大大的红鱼上。

秀贞转到我的面前来，看我仰着头，她也随着我的眼光看那张画，满是那么回事地说：

“要看炕上看去，看我们小桂子多胖，那阵儿才八个月，骑着大金鱼，满屋里转，玩得饭都不吃，就这么淘……”

“行啦行啦！不——害——臊！”秀贞正说得高兴，我也听得糊里糊涂，长班老王进来了，不耐烦地瞪了秀贞一眼说她。秀贞不理会她爸爸，推着我脱鞋上炕，凑近在画下面，还是只管说：

“饭不吃，衣服也不穿，就往外跑，老是急着找她爹去，我说了多少回都不听，我说等我给多做几件衣服穿上再去呀！今年的衬褂倒是先做好了，背心就差缝纽子了。这件棉袄开了领子马上就好。可急的是什么呀！真叫人纳闷儿，到底是怎么档子事儿……”她说着说着不说了，低着头在想那纳闷儿的事，一直发愣。我想，她是在和我玩“过家家儿”吧？她妈不是说她胡说吗？要是过家家儿，我倒是有一套玩意儿，小手表，小算盘，小铃铛，都可以拿来一起玩。所以我就说：

“没有关系，我把手表送给小桂子，她有了表就有一定时候回家了。”可是——这时我倒想起妈会派宋妈来找我，就又说，“我也要回家了。”

秀贞听我说要走，她也不发愣了，一面随着我下了炕，一面说：“那敢情好，先谢谢你啦！看见小桂子叫她回来，外头冷，就说我不骂她，不用怕。”

我点了点头，答应她，真像有那么一个小桂子，我认识的。

我一边走着一边想，跟秀贞这样玩儿，真有意思。假装有一个小桂子，还给小桂子做衣服。为什么人家都不许他们的小孩子跟秀贞玩儿呢？还管她叫疯子？我想着就回头去看，原来秀贞还倚着墙看我呢！我一高兴就连跑带跳地回家来。

宋妈正在跟一个老婆子换洋火，房檐底下堆着字纸篓、旧皮鞋、空瓶子。

我进了屋子就到小床前的柜里找出手表来。小小的圆圆的金表，镶着几粒亮亮的钻石，上面的针已经不能走动了，妈妈说要修理，可一直放着，我很喜欢这手表，常拿来戴在手上玩，就归了我了。我正站在三屉桌前玩弄着，忽然听见窗外宋妈正和老婆子在说什么，我仔细听，宋妈说：

“后来呢？”

“后来呀，”换洋火的老婆子说，“那学生一去到如今就没回来！临走的时候许下的，回到他老家卖田卖地，过一个月就回来明媒正娶她。好嘛！这一等就是六年啦！多俊的姑娘，我眼瞧着她疯的……”

“说是怎么着？还生了个孩子？”

“是呀！那学生走的时候，姑娘她妈还不知道姑娘有了，等到现形了，这才赶着送回海甸义地去生的。”

“义地？”

“就是他们惠安义地，惠安人在北京死了就埋在他们惠安义地里。原来王家是给义地看坟的，打姑娘的爷爷就看起，后来才又让姑娘她爹来这儿当长班，谁知道出了这么档子事儿。”

“他们这家子倒是跟惠难有缘，惠难离咱们这儿多远哪？怎么就一去不回头了呢？”

“可远喽！”

“那么生下来的孩子呢？”

“孩子呀，一落地就裹包裹包，趁着天没亮，送到齐化门城根底下啦！反正不是让野狗吃了，就是让人捡去了。”

“姑娘打这儿就疯啦？”

“可不，打这儿就疯了！可怜她爹妈，这辈子就生下这么个姑娘。唉！”

两个人说到这儿都不言语了，我这时已经站到屋门口倾听。宋妈正数着几包丹凤牌的红头洋火，老婆子把破烂纸往她的大筐里塞呀塞呀！鼻子里吸溜着清鼻涕。宋妈又说：

“下回给带点刨花来。那——你跟疯子她们是一地儿的人呀？”

“老亲喽！我大妈娘家二舅屋里的三姐算是疯子她二妈，现在还在看坟，他们说的还有错儿吗？”

宋妈一眼看见了我，说：

“又听事儿，你。”

“我知道你们说谁。”我说。

“说谁？”

“小桂子她妈。”

“小桂子她妈？”宋妈哈哈大笑，“你也疯啦？哪儿来的小桂子她妈呀？”

我也哈哈笑了，我知道谁是小桂子她妈呀！

二

天气暖和多了，棉袄早就脱下来，夹袄外面早晚凉就罩上一件薄薄的棉背心，又轻又软。我穿的新布鞋，前头打了一块黑皮子头，老王妈——秀贞她妈，看见我的新鞋说：

“这双鞋可结实哟——把我们家的门槛儿踢烂了，你这双鞋也破不了！”

惠安馆我已经来熟了，会馆的大门总是开着一扇，所以我随时可以溜进来。我说溜进来，因为我总是背着家里的人偷着来的，他们只知道我常常是随着宋妈买菜到井窝子找妞儿，一见宋妈进了油盐店，我就回头走，到惠安馆来。

我今天进了惠安馆，秀贞不在屋里。炕桌上摆着一个大玻璃缸，里面是几条小金鱼，游来游去。我问王妈：

“秀贞呢？”

“跨院里呢！”

“我去找她。”我说。

“别介，她就来，你这儿等着，看金鱼吧！”

我把鼻子顶着金鱼缸向里看，金鱼一边游一边嘴巴一张一张地在喝水，我的嘴也不由得一张一张地在学鱼喝水。有时候金鱼游到我的面前来，隔着一层玻璃，我和鱼鼻子顶牛儿啦！我就这么看着，两腿跪在炕沿上，都麻了，秀贞还不来。

我翻腿坐在炕沿上，又等了一会儿，还不见秀贞来，我急了，溜出了屋子，往跨院里去找她。那跨院，仿佛一直都是关着的，我从来也没有见谁去过那里。我轻轻推开跨院门进去，小小的院子里有一棵不知道什么树，已经长了小小的绿叶子了。院角地上是干枯的落叶，有的烂了。秀贞大概正在打扫，但是我进去时看见她一手拿着扫帚倚在树干上，一手掀起了衣襟在擦眼睛，我悄悄走到她跟前，抬头看着她。

她也许看见我了，但是没理会我，忽然背转身子去，伏着树干哭起来了，她说：

“小桂子，小桂子，你怎么不要妈了呢？”

那声音多么委屈，多么可怜啊！她又哭着说：

“我不带你，你怎么认得道儿，远着呢！”

我想起妈妈说过，我们是从很远很远的家乡来的，那里是个岛，四面都是水，我们坐了大轮船，又坐大火车，才到这个北京来。我曾问妈妈什么时候回去，妈说早着呢，来一趟不容易，多住几年。那么秀贞所说的那个远地方，是像我们的岛那么远吗？小桂子怎么能一个人跑了去？我替秀贞难过，也想念我并不认识的小桂子，我的眼泪掉下来了。在模模糊糊的泪光里，我仿佛看见那骑着大金鱼的胖娃娃，是什么也没穿啊！

我含着眼泪，大大地倒抽了一口气，为的不让我自己哭出来，我揪揪秀贞的裤腿叫她：

“秀贞！秀贞！”

她停止了哭声，满脸泪蹲下来，搂着我，把头埋在我的前胸擦来擦去，用我的绵绵软软的背心，擦干了她的泪，然后她仰起头来看看我笑了，我伸出手去理顺她被揉乱的刘海儿，不由得说：

“我喜欢你，秀贞。”

秀贞没有说什么，吸溜着鼻涕站起来。天气暖和了，她也不穿绑腿棉裤了，现在穿的是一条肥肥的散腿裤。她的腿很瘦吗？怎么风一吹那裤子，显得那么晃荡。她浑身都瘦，刚才蹲下来伏在我的胸前时，我看那块后脊背，平板儿似的。

秀贞拉着我的手说：

“屋里去，帮着拾掇拾掇。”

小跨院里只有这么两间小房，门一推吱扭扭的一串尖响，那声音不好听，好像有一根刺扎在人心上。从太阳地里走进这阴暗的屋里来，怪凉的。外屋里，整整齐齐地摆着书桌、椅子、书架，上面满是灰土，我心想，应该叫我们宋妈来给掸掸，准保扬起满屋子的灰。爸爸常常对妈说，为什么宋妈不用湿布擦，这样大掸一阵，等一会儿，灰尘不是又落回原来的地方了吗？但是妈妈总请爸爸不要多嘴，她说这是北京规矩。

走进屋里去，房间更小一点，只摆了一张床，一个茶儿。床上有一口皮箱，秀贞把箱子打开来，从里面拿出一件大棉袍，我爸爸也有，是男人的。秀贞把大棉袍抱在胸前，自言自语地说：

“该翻翻添点棉花了。”

她把大棉袍抱出院子去晒，我也跟了去。她进来，我也跟进来。她叫我和她把箱子抬到院子太阳底下晒，里面只有一双手套，一顶呢帽和几件旧内衣。她很仔细地把这几件零碎衣物摊开来，并且拿起一件条子花纹的褂子对我说：

“我瞧这件褂子只能给小桂子做夹袄里子了。”

“可不是，”我翻开了我的夹袄里给秀贞看，“这也是用我爸爸的旧衣服给改的。”

“你也是用你爸爸的？你怎么知道这衣服就是小桂子她

爹的？”秀贞微笑着瞪眼问我，她那样子很高兴，她高兴我就高兴，可是我怎么会知道这是小桂子她爹的？她问得我答不出，我斜着头笑了，她逗着我的下巴还是问：

“说呀！”

我们俩这时是蹲在箱子旁，我很清楚地看着她的脸，刘海儿被风吹倒在一边，她好像一个什么人，我却想不出。我回答她说：

“我猜的。那么——”我又低声地问她，“我管小桂子她爹叫什么呀？”

“叫叔叔呀！”

“我已经有叔叔了。”

“叔叔还嫌多？叫他思康叔叔好了，他排行第三，叫他三叔也行。”

“思康三叔，”我嘴里念着，“他几点钟回家？”

“他呀，”秀贞忽然站起来，紧皱着眉毛斜起头在想，想了好一会儿才说，“快了。走了有个把月了。”

说着她又走进屋，我再跟进去，弄这弄那，又跟出来，搬这搬那，这样跟出跟进忙得好高兴。秀贞的脸这时粉嘟嘟的了，鼻头两边也抹了灰土，鼻子尖和嘴唇上边渗着小小的汗珠，这样的脸看起来真好看。

秀贞用袖子抹着她鼻子上的汗，对我说：“英子，给我打盆水来会不会？屋里要擦擦。”

我连忙说：

“会，会。”

跨院的房子原和门房是在一溜儿的，跨院多了一个门就是了，水缸和盆就放在门房的房檐下。我掀开水缸的盖子，一勺勺地往脸盆里舀水，听见屋里有人和秀贞的妈在说话：

“姑娘这阵子可好点儿了吗？”

“唉！别提了,这阵子又闹了,年年开了春就得闹些日子，这两天就是哭一阵子笑一阵子的，可怎么好！真是……”

“这路毛病就是春天犯得凶。”

我端了一盆水，连晃连洒，泼了我自己一身水，到了跨院屋里，也就剩不多了。把盆放在椅子上，忽然不知哪儿飘来炒菜香，我闻着这味儿想起了一件事，便对秀贞说：

“我要回家了。”

秀贞没听见，只管在抽屉里翻东西。

我是想起回家吃完饭还要到横胡同去等妞儿，昨天约好了的。

又凉又湿的裤子贴在我的腿上，一进门妈妈就骂了：

“就在井窝子玩一上午？我还以为你掉到井里去了呢！看你弄这么一身水！”妈一边给我换衣服，一边又说，“打听打听北京哪个小学好，也该送进学堂了，听说厂甸那个师大附小还不错。”

妈这么说着，我才看见原来爸爸也已经回来了，我弄了一身水，怕爸爸要打骂我，他厉害得很，我缩头看着爸爸，准备挨打的姿势，还好他没注意，抽着烟卷儿在看报，漫应着说：

“还早呢，急什么。”

“不送进学堂，她满街跑，我看不住她。”

“不听话就打！”爸的口气好像很凶，但是随后却转过脸来向我笑笑，原来是吓唬我呢！他又说：“英子上学的事，等她叔叔来再对他说，由他去管吧！”

吃完饭我到横胡同去接了妞儿来，天气不冷了，我和妞儿到空闲着的西厢房里玩，那里堆着拆下来的炉子、烟筒、不用的桌椅和床铺。一个破藤箱子里，养了最近买的几只刚孵出来的小油鸡，那柔软的小黄绒毛太好玩了，我和妞儿蹲着玩弄箱里的几只小油鸡。看小鸡啄米吃，总是吃，总是吃，怎么不停啊！

小鸡吃不够，我们可是看够了，盖上藤箱，我们站起来玩别的。拿两个制钱穿在一根细绳子上，手提着，我们玩踢制钱，每一踢，两个制钱打在鞋帮上“嗒嗒”地响。妞儿踢时腰一扭一扭的，显得那么娇。

这一下午玩得好快乐，如果不是妞儿又到了她吊嗓子的时候，我们不知道要玩多么久。

爸爸今天买来了新的笔和墨，还有一沓红描字纸。晚上，在煤油灯底下，他教我描红模字，先念那上面的字：“一去二三里，烟村四五家，亭台六七座，八九十枝花。”

爸爸说：

“你一天要描一张，暑假以后进小学，才考得上。”

早上我去惠安馆找秀贞，下午妞儿到西厢房里来找我，晚上描红模字，我这些日子就这么过的。

小油鸡的黄毛上长出短短的翅膀来了，我和妞儿喂米喂

水又喂菜，宋妈说不要把小鸡肚子撑坏了，也怕被野猫给叼了去，就用一块大石头压住藤箱盖子，不许我们随便掀开。

妞儿和我玩的时候，嘴里常常哼哼唧唧的，那天一高兴，她竟扭起来了，她扭呀扭呀比来比去，嘴里唱着："……开哎开门嗯嗯儿，碰见张秀才哎哎……"

"你唱什么？这就是吊嗓子吗？"我问。

"我唱的是打花鼓。"妞儿说。

她的兴致很好，只管轻轻地唱下去，扭下去，我在一旁看傻了。她忽然对我说："来！跟我学，我教你。"

"我也会唱一种歌。"不知怎么，我想我也应当露一露我的本事，一下子想起了爸爸有一回和客人谈天时唱的一首歌，后来爸曾教会了我，妈还说爸爸教我这种歌真是没大没小呢！

"那你唱，那你唱。"妞儿推着我，我却又不好意思唱了，她一定要我唱，我只好结结巴巴地用客家话念唱起来：

"你听着——想来么事想心肝，紧想心肝紧不安！我想心肝心肝想，正是心肝想心肝……"

我还没数完呢，妞儿已经笑得挤出了眼泪，我也笑起来了，那几句词儿可真是拗嘴。

"谁教你的？什么心肝想心肝，心想心肝想的，哈哈哈！你唱的这是哪国的歌儿呀！"

我们俩搂在一起笑，一边瞎说着心肝心肝的，也闹不清是什么意思。

我们真快乐，胡说胡唱胡玩，西厢房是我们的快乐窝，我连做梦都想着它。

妞儿每次也是玩得够不够的才看看窗外，忽然叫道："可得回去了！"说完她就跑，急得连"再见"都来不及说。

忽然一连几天，横胡同里接不到妞儿了，我是多么的失望，站在那里等了又等。我慢慢走向井窝子去，希望碰见她，可是没有用。下午的井窝子没那么热闹了，因为送水的车子都是上午来，这时只有附近人家自己推了装着铅桶的小车子来买井水。

我看见长班老王也推了小车子来，他一趟一趟来好几趟了，见我一直站在那里，奇怪地问我：

"小英子，你在这儿发什么傻？"

我没有说什么，我自己心里的事，自己知道。我说：

"秀贞呢？"我想如果等不到妞儿，就去找秀贞，跨院里收拾得好干净了。但是老王没理我，他装满了两桶水，就推走了。

我正在犹豫着怎么办的时候，忽然从西草厂口上，转过来一个熟悉的影子，那正是妞儿，我多高兴！我跑着迎上去，喊她："妞儿！妞儿！"她竟不理我，就像不认识我，也像没听见有人叫她。我很奇怪，跟在她身边走，但她用手轻轻赶开我，皱着眉头眨眼，意思叫我走开。我不知道是怎么回事，但见她身后几步远有一个高大的男人，穿着蓝布大褂，手提着一个脏了的长布口袋，口袋上露出来的我看见是一把胡琴。

我想这一定是妞儿的爸爸。妞儿常说"我怕我爹打""我怕我爹骂"的话，我现在看那样子就知道，我不跟妞儿再说话了，就转身走回家，心里好难受。我口袋里有一块滑石，可以在砖上写出白字来，我掏出来，就不由得顺着人家的墙上一直画下去，画到我家的墙上。心里想着如果没有妞儿一起玩，是多么没有意思呢！

我刚要叫门，忽然听见横胡同里咚咚咚的跑步声，原来是妞儿气喘着跑来了，她匆匆忙忙神色不安地说：“我明儿再来找你。”没等我回答，她就又跑回横胡同了。

第二天早晨，妞儿来找我，我们在西厢房里，蹲下来看小油鸡。掀开藤箱盖子，我们俩都把手伸进去摸小油鸡的羽毛，这样摸着摸着，谁也没说话。我本来是要说话的，但是没有出声，只是心里在问她：“妞儿，为什么好多天没来找我？”“妞儿，是你爸爸很厉害不许你来吗？”“妞儿，昨天为什么不许我跟你说话？”“妞儿，你一定有什么难受的事吧？”真奇怪，这些话都是我心里想的，并没有说出口，可是她怎么知道的，竟用眼泪来回答我？她不说话，也不用袖子去抹眼，就让眼泪滴答滴答落在藤箱里，都被小油鸡和着小米吃下去了！

我不知怎么办好了，从侧面正看见她的耳朵，耳垂上扎了洞用一根红线穿过去，妞儿的耳朵没有洗干净，边沿上有一道黑泥。我再顺着她的肩膀向下看，手腕上有一条青色的伤痕，我伸手去撩起她的袖口看，她这才惊醒了，吓得一躲闪，随着就转过头来向我难过地笑笑。早晨的太阳，正照到西厢房里，照到她的不太干净的脸上，又湿又长的睫毛，一闪动，眼泪就流过泪坑淌到嘴边了。

忽然，她站起来，撩开袖口，撩起裤脚，轻轻地说：

“看我爸爸打的！”

我是蹲着的，伸出手正好摸到她腿上那一条条肿起的伤痕。我轻轻地摸，倒惹得她哭出声音来了。她因为不敢放声，嘤嘤地小声哭，真是可怜。我说：

“你爸爸干吗打你？”

她当时说不出话来，哭了好一会儿才说：

“他不许我出来玩。”

“是因为在我家待太久了？”

妞儿点点头。

因为在我家玩久了，害得她挨打，我又难过，又害怕，想到那个高大的男人，我不由得说：

“那么你快回去吧！”

她站着不动，说：

“他一早出去还没回来。”

“那么你妈呢？”

“我妈也拧我，她倒不管我出来的事。爸爸也打她。打了她，她就拧我，说是我害的。”

妞儿哭了一阵子好些了，又跟我说这说那的，我说我从来没有看过她的妈妈，妞儿说她的妈妈有点跛，一天到晚就是坐在炕头上给人缝补衣服赚钱。

我告诉妞儿，我们从前不住在北京，是从一个很远的岛上来的。她也说：

“我们从前也不住在这儿，我们住在齐化门那边。”

“齐化门？”我点点头说，“我知道那地方。”

“你怎么会知道齐化门呢？”妞儿奇怪地问我。

我想不出我是怎么知道的，但我的确知道，好像有什么人大清早曾带我去过那里，而且我也像看见了那里的样子似的，不，不，不是，我所看见的很模糊，也许那是一个梦吧？因此我就回答妞儿说：

“我梦见过那个地方，有没有城墙？有一天，有一个女人抱着一个包袱，大清早上，偷偷地向城墙走去……”

“你是讲故事吧？”

“也许是故事，”我斜着头又深深地想了想，“反正我知道齐化门就是了。”

妞儿笑了笑，手伸过来搂着我的脖子，我的手也伸过去搂住她。但是我捏住她的肩头，她轻喊了一声：“疼！疼！”

我的手连忙松开，她又皱着眉说：“连这儿都给我抽肿了！”

“什么抽的？”

“掸子。”停了一下她又说，“我爸，还有我妈，他们——”但她顿住不说下去了。

“他们怎么样？”

“不说了，下回再跟你说。”

“我知道，你爸爸教你唱戏，要你赚钱给他们花。”这是我听宋妈跟妈妈讲过的，所以一下子就给说出来了。“要你赚钱还打你，凭什么！”我说到后来气愤起来了。

“嘀嘀，你瞧你什么都知道，我不是要跟你说唱戏的事，你哪儿知道我要跟你说什么呀！”

“到底要说什么呢？说嘛！”

“你这么猴急，我就不说了。你要是跟我好，我有好多话要跟你说，就是不许你跟别人说，也别告诉你妈。”

“我不会，我们小声地说。”

妞儿犹豫了一会儿，伏在我的耳旁小声而急快地说：

“我不是我妈生的，我爸爸也不是亲的。”

她说得那样快，好像一个闪电过去那么快，跟着就像一声雷打进了我的心，使我的心跳了一大跳。她说完后，把附在我耳旁的手挪开，睁着大眼睛看我，她像在等着看我听了她的话，会怎么个样子。我呢，也只是和她对瞪着眼，一句话也说不出来。

我虽然答应妞儿不讲出她的秘密，可是妞儿走了以后，我心里一直在想着这件事，我越想越不放心，忽然跑到妈妈面前，愣愣地问：

“妈，我是不是你生的？”

“什么？”妈奇怪地看了我一眼，“怎么想起问这话？”

“你说是不是就好了。”

“是呀，怎么会不是呢？”停一下妈又说，“要不是亲生的，我能这么疼你吗？像你这样闹，早打扁了你了。”

我点点头，妈妈的话的确很对，想想妞儿吧！“那么你怎么生的我？”这件事，我早就想问的。

“怎么生的呀，嗯——”妈想了想笑了，胳膊抬起来，指着胳肢窝说：

“从这里掉出来的。”

说完，她就和宋妈大笑起来。

三

我手里拿着一个空瓶子和一双竹筷子，轻轻走进惠安馆，推开跨院的门，院里那棵槐树，果然又垂着许多绿虫子，秀贞说是吊死鬼，像秀贞的那几条蚕一样，嘴里吐着一条丝，从树上吊下来。我把吊死鬼一条条弄进我的空瓶里，回家去喂鸡吃，每天都可以弄一瓶。那些吊死鬼装在小瓶里，咕噜咕噜地动，真是肉麻，我拿着装了吊死鬼的瓶子，胳膊常常觉得麻麻的痒，好像吊死鬼从瓶里爬到我的胳膊上了，其实没有。

我在把一条吊死鬼往瓶里装的时候，忽然想到了妞儿，心里很不安。她昨天又挨揍了，拿了两件衣服偷偷地来找我，进门就说：

“我要找我亲爹亲妈去！”她的脸有一边被打得红肿了。

“他们在哪儿呢？”

“我不知道，到齐化门，再慢慢地找。”

“齐化门在哪儿呢？”

“你不是说你也知道那地方吗？”

“我是说我好像做梦梦见过那地方的。”

妞儿把两件衣服塞在西厢房的空箱子里，很有主意地抹干了眼泪，恨恨地说：

“我非找着我亲爹不可。”

“你知道他长什么样子吗？”我真佩服她，但觉得这是一件太大太大的事。

“我一天一天地找，就会找到我亲爹跟我亲娘。他们的样子我心里知道。”

“那么——”我也不知道要说什么，因为我一点主意也没有。

妞儿临走的时候说，她不定哪天就要偷偷地走，但是一定会先来这里跟我说一声，并且带走存在这里的两件衣服。

我昨天一直在想妞儿的事，心里很不舒服，晚上就吃不下饭了，妈妈摸摸我的头说：

“好像有点热，不吃也好，早点去睡。”

我上了床，心里还是不舒服，又说不出，就哭起来了。妈妈很奇怪，她说：

“哭什么？哪儿不舒服？”我不知怎么一来竟哭着说：

“妞儿她爸爸啊……”

“妞儿她爸爸？怎么啦？她爸爸怎么着你啦？”宋妈也过来了，她说：

“那个不是东西的，准是骂了我们英子了，还是打了你啦？”

“不是！”我忽然觉出我是说了什么糊涂话，便撒赖地哭喊着说，“我要找我爸爸！”

“是要找你爸爸呀！唉！吓人！”宋妈和妈妈都笑了。妈妈说：

“你爸爸今天去看你叔叔，回来得晚点儿，你先睡吧！”她又对宋妈说，“英子一生下来，她爸爸就给惯的，一不舒服，爸爸就抱着睡。”

“羞不羞？”宋妈用一个手指划我的脸，我不理她，转过脸去冲着墙闭上眼睛。

今天我早晨起来就好得多了，不像昨天那样不安心。但是现在又想起妞儿，手里不由得停止了捉虫子的工作，呆呆地想，不知道什么时候，妞儿就会离开我。

我把瓶子扔在树下，站起来走到窗下向里看。秀贞正在里屋床前的一个机凳上坐着，面向着床，我只看到她那小平板儿似的背影，辫子也没梳好。她比手画脚，又扬手轰苍蝇，其实哪儿有苍蝇？我轻轻地走进屋里，在外屋桌旁靠着，傻看她在干什么，只听她说：

“我准知道你昨儿晚上没吃饭就睡觉了，是不是？那怎么行！”

咦！真奇怪，秀贞怎么知道我昨晚没吃饭就睡觉了呢？我倚着里屋的门框说：

“谁告诉你的！”

“啊？”她回过头来看见我愁眉不展的样子，很正经地对我说：

“还用人告诉我吗？这碗粥一动也没动呀！”说完指着床旁茶儿上的一个碗和一双筷子。

我这才知道秀贞说的不是我。自从天气暖和了，打开一向深闭的跨院门以后，秀贞就一天到晚在这两间屋里出出进进，说着那种我又懂、又不懂的话。最先我以为是秀贞跟我玩“过家家儿”，后来才又觉得不是假装的事情，它太像真事了！

秀贞又向着那空床发呆看了一会儿，转过头来，轻手轻脚地拉着我走到屋外，小声地说：

“睡着了，让他睡去吧！这一场病也真亏他，没亲没故的！”

外屋书桌上摆着那缸春天买的金鱼，已经死了几条，可是秀贞还是天天勤着换水，玻璃缸里还加了几根水草，红色的鱼在绿色的水草中钻来钻去，非常好玩。我怎么知道鱼是红的草是绿的呢？妈妈教过我，她说快考小学了，老师要问颜色，要问住在那儿，要问家里有几个人。秀贞还养了一盒蚕，她对我说过：

“你要上学，我们小桂子也该上学了，我养点蚕，吐了丝，好给小桂子装墨盒用。”

有几条蚕已经在吐丝了，秀贞另外把它们放在一个蒙了纸的茶杯上，就让它们在那纸上吐丝。真有趣，那些蚕很乖，就不会爬到茶杯下面来。另外的许多蚕还在吃桑叶。

秀贞在打扫蚕屎，她把一粒粒的蚕屎装进一个铁罐里，她已经留了许多，预备装成一个小枕头，给思康三叔用。因为他每天看书眼睛得保养，蚕屎是明目的。

我在旁边静静地看着鱼缸，看着吐丝，院子里的树，正靠在窗下，这屋里阴凉得很，我们俩都不敢大声说话，就像真的屋里躺着一个要休息的病人。

秀贞忽然问我：

“英子，我跟你说的事记住没有？”

我一时想不起是什么事，因为她对我说过的事，真真假假的太多了。她说将来要我跟小桂子一块儿去上学，小桂子也要考厂甸小学。她又告诉我从厂甸小学回家，顺着琉璃厂直到厂西门，看见鹿犄角胡同雷万春的玻璃窗里那对大鹿犄角，一拐进椿树胡同就到家了。可是她又说过，她要带小桂子去找思康三叔，做了许多衣服和鞋子，行李都打点好了。

我最记得秀贞说过的话，那是她讲的生小桂子的那回事。有一天，我早早溜到这里找秀贞，她看见我连辫子都没梳，就端出梳头匣子来，从里面拿出牛角梳子、骨头针和大红头绳，然后把我的头发散开来，慢慢地梳。她是坐在椅子上的，我就坐在小板凳上，夹在她的两腿中间，我的两只胳膊正好架在她的两腿上，两只手摸着她的两膝盖，两块骨头都成了尖石头，她瘦极了。我背着她，她问我：

“英子，你几月生的？”

“我呀？青草长起来，绿叶发出来，妈妈说，我生在那个不冷不热的春天。小桂子呢？”秀贞总把我的事情和小桂子的事情连在一起，所以我也就一下子想起小桂子。

“小桂子呀，”秀贞说，“青草要黄了，绿叶快掉了，她是生在那不冷不热的秋天。那个时光，桂花倒是香的，闻见没有？就像我给你搽的这个桂花油这么香。”她说着，把手掌送到我的鼻前晃一晃。

“小——桂——子。”我吸了吸鼻子，闻着那油味，不由得一字一字地念出来，我好像懂得点那意思。

秀贞很高兴地说：

“对了，小桂子，就是这么起的名儿。”

“我怎么没看见桂花树？这里哪棵树是桂花？”我问。

“又不是在这屋子里生的！”秀贞已经在编我的辫子了，辫得那么紧，拉得我的头发根怪痛的，我说：

“为什么用这么大的力气呀！”

“我当时要是有这么大力气倒好了。我生了小桂子，浑身都没劲儿，就昏昏沉沉地睡，睡醒了，小桂子不在我身边了。我睡觉时还听见她哭，怎么醒了就没有了呢？我问，孩子呢？我妈要说什么，我婶儿接过去了，她瞥了我妈一眼，跟我和和气气地说：‘你的身子微，孩子哭，在你身边吵，我抱到我屋去了。’我说，噢。就又睡着了。”秀贞说到这儿停住了，我的辫子已经扎好，她又接着说：

“仿佛我听我妈对我婶说：不能让她知道。真让人纳闷儿，到底是怎么档子事儿？我怎么到这儿就接不下去了呢？是她们把孩子给——还是扔——绝不能够！绝不能够！”

我已经站起来，脸冲着秀贞看，她皱着眉头，正呆呆地想。她说话常常会忽然停住了，然后就低声地说“真是让人纳闷儿，到底是怎么档子事儿”的话。她收梳头匣子的时候，我看见我送给小桂子的手表在匣子里，她拿起手表，放在掌心里，又说：

“小桂子她爹也有个大怀表，可惜当了，当了那个表，他才回的家，这份穷，就别提了！我当时就没告诉他我有了，反正他去个把月就回来。他跟我妈说，放心，他回家卖了山底下的白薯地，就到北京来娶我。千山万水，走一趟也不容易，我要是告诉他我有了，不也让他惦记着！你不知道他那情意多深！我也没告诉我妈我有了，说不出口，反正人归了他了，等嫁了再说也不迟……”

“有了什么？”我不明白。

“有了小桂子呀！”

“你不是刚说什么没有了吗？”我更不明白了。

“有了，没了，有了，没了，小英子，你怎么跟我乱扰？你听我给你算。”她把我给小桂子的表收起来，然后用手指捏着算给我听：

“他是春天走的。他走的那天，天儿多好，他提着那口箱子，都没敢多看我，他的同乡同学，有几个送他到门口儿的，所以他就没好再跟我说什么。在头天晚上我给他收拾箱子的时候，我们俩也说得差不多了。他说，惠安的日子很苦，有办法的都到海外谋生去了，那儿的地不肥，不能种什么，白薯倒是种了不少。他们家，常年吃白薯，白薯饭、白薯粥、白薯干、白薯条、白薯片，能叫外头去的人吃出眼泪来。所以，他就舍不得让我这个北边人去吃那个苦头儿。我说可不是，我妈就生我一个独女，跟你去吃白薯，她怎么舍得！他说，你是个孝女，我也是个孝子，万一我母亲扣住了我，不许我再到北京来了呢？我说，那我就追你去。”

“送他到门口，看他上了洋车，抬头看看天，一块白云彩，像条船，慢慢儿地往天边儿挪动，我仿佛上了船，心是飘的，就跟没了主儿似的。”

“我送他出去，回到屋里来，恶心要吐，头也昏，有点儿后悔没告诉他这件事，想追出去，也来不及了。”

“日子一天天地挨，他就始终没回来，我肚子大了，瞒不住我妈，她急得盘问我，让我说不出道不出的，可是我也顾不得害臊了，就告诉了我妈。我说，他总有一天回来，他不回来，我去！我妈听了拿手堵住我的嘴，直说：‘姑娘，可别这么说了，这份丢人呀！他真要是不回来，咱们可不能嚷嚷出去。’就这样，把我送回了海甸。”

“小桂子生下来，真不容易，我一点劲儿都没有，就闻着窗户外头那棵桂花树吹进来的一阵阵香气，我心说，生个女的就叫小桂子。接生的老娘婆叫我咬住了辫子，使劲，使劲，总算落了地，呱呱呱，哭声好大呀！”

秀贞说到这儿，喘了一大口气，她的脸色变青了，故事接不下去，就随便说了，她说：

“小英子，你不心疼你三婶吗？”

“谁是三婶？”

“我呀！你管思康叫三叔，我就是你三婶，你还算不过这账来。叫我一声。”

“嗯——”我笑了，有些难为情，但还是叫了她，“三婶。秀贞。”

“你要是看见小桂子就带她回来。”

“我怎么知道小桂子什么样儿？”

“她呀，”秀贞闭上眼睛想着说，“粉嘟嘟的一个小肉团子，生下来我看了一眼，我睡昏过去那阵儿，听我妈跟老娘婆说，瞧！这真是造孽，脖子后头正中间儿一块青记，不该来，非要来，让阎王爷一生气用手指头给戳到世上来的！小英子，脖子后头中间有指头大一块青记，那就是我们小桂子，记住没有？”

“记住了。”我糊里糊涂地回答。

那么，她现在问我说的事记住没有，就是这件事吗？我回答她说：“记住了，不是小桂子那块青记的事吗？”

秀贞点点头。

秀贞把桌上的蚕盒收拾好，又对我说：

“趁着他睡觉，咱们染指甲吧。”她拉我到院子里。墙根底下有几盆花，秀贞指给我看，“这是薄荷叶，这是指甲叶。”她摘下来几朵指甲草上的红花，放在一个小瓷碟里，我们就到房口儿台阶上坐下来。她用一块冰糖轻轻地捣那红花。我问她：

“这是要吃的吗？还加冰糖？”

秀贞笑得呵呵的，说：

“傻丫头，你就知道吃。这是白矾，哪儿来的冰糖呀！你就看着吧。”

她把红花朵捣烂了，要我伸出手来，又从头上拿下一根夹子，挑起那烂玩意儿，堆在我的指甲上，一个个堆了后，叫我张着手不要碰掉，她说等它们干了，我的手指甲就变红了，像她的一样，她伸出手来给我看。

我的手，张开了一会儿，已经不耐烦了，我说：

“我要回家去了。”

“你回家非弄坏了不可，别走，听我给你讲故事儿。”她说。

“我要听三叔的故事儿。”

“小声点儿，”她向我摆手，轻轻地说，“让我先看看他醒过来没有，他要不要喝水。”她进去了一下，又出来了，坐下后，手支撑在大腿上托着下巴颏儿，忽然向着槐树发起呆来。

“说呀！你。”我说。

她惊了一下，“嗯？”好像没听见我的问话，但跟着眼泪掉下来了，“还说呢，人都没影儿了，都没影儿了！老的！小的！”

我一声不响，她自己抽抽噎噎地哭了一会儿，才又大喘了一口气，望着我笑了，那泪坑！我就觉得在什么地方看见过秀贞这个人，这个脸。

秀贞用手指抹抹泪，拉过我的手托在她的手上，这样，我就轻松点，不觉得张开染指甲的手很累了。她又侧起身子看着跨院门，好像在张望什么人。她自言自语地说：

“就是这时节他来的，一卷铺盖，一口皮箱，搬进了这小屋里。他身穿一件灰大褂，大襟上别着一支笔。我正在屋里没打扫完呢！爹领他进来的，对他说：‘会馆里正院房子都住满了，陈家二老爷让给您腾出这两间小屋来。’他说：‘好，好，这样就很好。’爹给他打开行李，把那床又薄又旧的棉被摊开，我心想，他怎么过这北京的大冷天？小英子，住在会馆念书的学生，有几个有钱的？有钱的就住公寓去了。

我爹常说，想当年，陈家二老爷上京来考举，还带着个小碎催伺候笔墨呢！二老爷中了举，在北京做官，就把这间会馆大翻修了一回，到如今，穷学生上京来念书，都是找着二老爷说话。二老爷说，思康是他们乡里的苦学生，能念出书来，要我们把堆煤的这两间小屋收拾了给他住。”

“我还在赶着擦玻璃呢，没正眼看他。我爹对他说，这床被呀！过不了冬。爹真爱管人家的事，他准是不好意思了，就乱嗯嗯啊啊地没说出什么来。爹又问他在哪家学堂，他说在北京大学，嗬！我爹又说了，这趟不近，沙滩儿去了！可是个好学堂呀！”

“爹帮着他收拾好了那几件破行李，就出去了，临走看见我还在擦玻璃，他说，行啦，姑娘。我跟出来了，回头看了他一眼，谁知道他也正抬眼看我呢！我心里一跳，迈门槛儿差点摔出去！看他那模样儿，两只眼儿到底有多深！你还没看清楚他，他就把你看穿了。回到屋里来，我吃饭睡觉，眼前都摆着他的两只那么看人的眼睛。这就是缘分，会馆一年到头，来来往往的大学生多的是，怎么我就——我就……咳！”

秀贞的脸微微红涨，抬起我的手，看我染的指甲干了没有，她轻轻地吹着我的指甲，眼皮垂下来，睫毛像一排小帘子，她问我：

“小英子，你明白了吗？缘分。”她并不一定要我回答她，我也没打算回答她，只是心里想着，这样的长睫毛，有一个人也有的，我想到西厢房我那位爱哭的朋友了。秀贞又接着唠叨：

“我天天给他送开水去，这件事本该是我爹做的。早晚两趟，我们烧了大壶开水，送到各屋里给先生们洗脸、泡茶。爹走惯了正院，就把跨院给忘了。有时候思康就自己到我们窗根底下来要。‘长班。’他就是这么轻轻叫一声，‘有滚水吗？’爹这才想起来，赶紧给人家补送去。有时爹倒是没等叫就想起来了，可是他懒得再走，就支使我去。一来二去，这件差使——到跨院送开水，仿佛就该是我做的了。”

“我送水，一句话也没跟他说过，我进了屋，他在书桌前坐着，就着灯看书呢，写字呢，我就绷着脸儿，打开那茶壶盖儿，刷——的，就听见开水灌进壶的声儿。他胆子小着呢，连眼都不敢斜过来，就那么耷拉着眼皮坐着。有一天，我也好新鲜，往前挪了一步，微探着身子看他写什么，谁知他也扭过头来了，说：‘认得字吗？’我摇了摇头。打这儿起，我们俩就说话了。”

“那时小桂子在哪儿呢？”我忽然想起这个跟秀贞有关系的人。

“她呀！”秀贞笑了，“还没影儿呢！对了，小桂子到底哪儿去了？你给找着没有？那是我们俩的命根子呀！我还没跟你说完呢，他有一天拉着我的手，就像我这么拉着你的手，说：‘跟了我吧！’他喝了点儿酒，我也迷糊了，他喝酒是为的取暖，两间屋子，生一个小火，还时有时无的。那天风挺大，吹得门框直响，我爹跟我娘回海甸取地租去了，让舅妈来陪我，她睡着了，我就溜到这跨院里来。他的脸滚烫，贴着我的脸，他说了好多话，酒气熏着我，我闻也闻醉了。”

“他常爱喝点儿酒，驱驱寒意，我就偷偷地买了半空儿花生，送到他的屋里来，给他下酒喝。北风打着窗户纸，响得吹笛儿似的。我握着他的手，暖乎乎的两个人，就不冷了。”

“他病了，我一趟趟地跑，可瞒不住我妈了。那天我端着粥，要送给他吃，妈说：‘避点儿嫌疑，姑娘，懂得不懂得？’我一声也没言语。”

我从秀贞的眼里，仿佛看见了躺在屋里床上的思康三叔了：他蓬着头发，喝水也没力气，吃饭也没力气，就哼哼着。

“后来呢？好了没有？”我不由得问。

“不好怎么走的？我可要倒下了！原来是小桂子来了！”

“在哪儿？”我转回头去看跨院门，并没有人影儿。在我的幻想中，跨院门边，应当站着一个女孩子，红花的衫裤，一条像狗尾巴似的黄毛辫子，大大的眼睛，一排小帘子似的长睫毛，一闪一闪的，在向我招手呢！我头有点昏，好像要倒下来，闭了一下眼睛，再睁开，门那边，果然有个影子，越走越近了，那么大的一个东西，原来——原来是秀贞的妈正向我招手，她说：

“秀贞，怎么让小英子在老爷儿里晒着？”

“刚才这地方没太阳。”秀贞说。

“快挪开，这边儿不是有阴凉儿吗？”秀贞的妈过来拉起我。

那幻影在我眼中消失了，我忽然又想起秀贞还没讲完的故事。我说：

“妞儿，不，小桂子在哪儿呢？你刚说的？”

秀贞扑哧笑了，指着她的肚子：

“在这儿呢，还没生呢！”

秀贞的妈是来这院里晾衣服的。一根绳子从树枝上牵到墙那边，她正一件件地往上晾。

秀贞看了说：

“妈，裤子晾在靠墙边儿去吧，思康出来进去的不合适。”

王妈骂说：

“去你的！”

秀贞被她妈妈骂一句，并不生气，又对我说：

“我妈倒是也疼思康，她跟我爹说，咱们没儿子，你这老东西又没念过书，有个读书识字的人在咱们家也是好事儿。我爹这才答应了。我刚才说到哪儿啦！噢，他好了，我不是病了吗？他就说都是他害的我，他不是说要娶我教我念书吗？就在这时候，他家里来了电报，他妈病了，叫他赶快回去……”

“小英子，”王妈忽然截住秀贞的话，对我说，“你怎么那么爱听她那颠三倒四的废话？也真怪，小孩子都怕她，躲着她，就你不。”

“妈，您别搅，我这儿还没说完呢！我还有事托小英子呢！”

王妈不理她，只顾对我说：

“小英子，该回去了，刚才我听见宋妈在胡同里叫你，我不敢说你在这儿。”

王妈说完拿着空盆走了。秀贞看见她妈妈走出了跨院门，才又说："思康这一去，有……"她掰着手指头算，"有一个多月了，有六年多了，不，还有一个多月就回来，不，还有一个月我就生小桂子了。"

不管是六年，还是一个多月，秀贞跟我一样算不清楚。她这时把我的手拿起来看看，就把指甲上的干烂花剔开，哟，我的指甲都是红的了！我高兴极了，直笑直笑，摆弄我的手。

"小英子，"她又低声说，"我有件事托你，看见小桂子就叫她来，一块儿找她爹去，我们要是找到她爹，我病就好了。"

"什么病？"我看着秀贞的脸。

"英子，人家都说我得了疯病，你说我是不是疯子？人家疯子都满地捡东西吃，乱打人，我怎么会是疯子，你看我疯不疯？"

"不。"我摇摇头，真的，我只觉得秀贞那么可爱，那么可怜，她只是要找她的思康跟妞儿——不，跟小桂子。

"他们怎么都走了不回来了呢？"我又问。

"思康准是让他妈给扣住了。小桂子呢，我也纳闷是怎么档子事儿，没在海甸，没在我婶儿屋里。我一问，妈急了，说：'扔啦！留那么一个南蛮子种儿干吗？反正他也不回来了，坑人！'我一听，登时就昏倒了，醒了，他们就说我是疯子。小英子，我千托万托你，看见小桂子就带她来，我什么都预备好了。回去吧。"

我听愣了，脑子里好像有一幅画，慢慢越拉越大，我的头也有点不舒服似的，我一边答应："好好，好好。"一边跑出跨院，跑出惠安馆，一路踢着小石块，看着我手上的红指甲，回到了家。

四

“看你脸晒得那么红！快来吃饭。”妈妈看见我满头大汗地回来，并没有太责备我。

但是我只想喝水，不想吃饭，我灌了几杯凉开水下去，坐到饭桌边，喘着气，拿起筷子，只是看我自己的指甲玩。

“谁给你染的？”妈问。

“小妖精，小孩子染指甲，做啥得！”爸爸也半生气地说。

“谁给你染的？”妈又问。

“嗯——”我想了一下，“思康三婶。”我不敢，也不肯说秀贞是疯子。

“跑到外面去认什么阿叔阿婶！”妈给我夹了一碟子菜，又对我说，“你叔叔说，还有一个月就要考小学了，你到底会数到什么数了？算算看，不会数就考不上的。”

“一，二，三……十八，十九，二十，二十六……”我的脑筋实在有些糊涂，只想扔下筷子去床上躺一会儿，但是我不肯这样做，因为他们会说我有病了，不许我出去。

“乱数！”妈瞪了我一眼，“听我给你算，二俗，二俗录一，二俗录二，二俗录三，二俗录素，二俗录五……”

在旁边伺候盛饭的宋妈首先忍不住笑了，跟着我和爸爸都哈哈大笑起来，我趁机扔下筷子，说：

“妈，你的北京话，我饭都吃不下了。二十，不是二俗；二十一，不是二俗录一；二十二，不是二俗录二……”

妈也笑了，说：

“好啦好啦，不要学我了。”

我没有吃饭，爸妈都没注意。大概刚才喝了凉开水，人好些了，我的头已经不晕了。爸妈去睡午觉，我走到院子里，在树下的小板凳上坐着，看那一群被放出来的小油鸡。小油鸡长得很大了，正满地地啄米吃。树上蝉声声“知了知了”地叫，四下很安静。我捡起一根树枝子在地上画，看见一只油鸡在啄虫吃，忽然想起在惠安馆捉的那瓶吊死鬼忘记带回来。

我虽然这样想着，但是竟懒得站起身来，好像要困了，不由得闭上了眼睛，随着俯下身子来，两手抱住头，深深地埋在大腿上。

在这像睡不睡的梦中，我的眼前一片迷乱：在跨院的树下捉蚕，吊死鬼在玻璃瓶里蠕动着，一会儿又变成了秀贞屋里桌上的蚕，仰着头在吐丝，好像秀贞把蚕放在胳膊上爬，一发痒，猛睁开眼抬起头来看，原来是两只苍蝇在我的胳膊上飞绕。我扬扬手轰开苍蝇，又埋头睡下了。这回是一盆凉水，顺着我的脊背浇下来，凉飕飕的，我抱紧了头，不行，又是一盆凉水从脖子上灌下来，又凉又湿，我说冷啊！旁边有人咯咯地笑，我挣扎着站起来，猛下子醒了，睁开眼，闹不清这是什么时候了？因为天好像一下子暗了，记得我坐在这里的时候是有太阳光的呀！站在我面前的是妞儿，她在笑，我还觉得脊背是湿的冷的，用手背向后面去摸，却又不是湿的。但身上还是有些凉意，不禁打了一个哆嗦，随着又打了两个喷嚏，妞儿笑容收敛了，说：

“你怎么了？傻乎乎的，睡觉直说梦话。”

我好像还没醒过来，要站不住，便赶快又坐下来。这时雷声响了，从远处隆隆地响过来。对面的天色也像泼了墨一样的黑上来，浓云跟着大雷，就像一队黑色的恶鬼大踏步从天边压下来。起了微微的风，怪不得我身上觉得凉。我不由得问妞儿说：

“你冷不冷？我怎么这么冷。”

妞儿摇摇头，惊疑地看着我，问：

“你现在的样子真特别，好像吓着了，还是挨打了？”

“没有，没有，”我说，“我爸爸只打我手心，从来不会像你爸爸，打你那么凶。”

“那你是怎么了呢？”她又指指我的脸，“好难看啊！”

“我一定是饿的，中午没吃饭。”

这时候雷声更大了，好大的雨点滴落下来，宋妈到院子里来收衣服，把小鸡赶到西厢房里。我和妞儿也跟着进来。宋妈把小鸡扣好在鸡笼里，就又跑出去，嘴里还说着：

“要下大雨了，妞儿回不去了。”

宋妈出去了以后，可不是雨立刻下大了。我和妞儿倚着屋门看下雨。雨声那样大，噼噼啪啪地打落在砖地上，地上的雨水越来越多了，院子犄角虽然有一个沟眼，但是也挤不下那么多的雨水。院子里的水涨高了，漫过了较低的台阶，水溅到屋门来，溅到我们的裤脚上了，我和妞儿看这凶狠的雨水看呆了，眼睛注视着地上，一句话也不讲。忽然妈妈在北屋的窗内向我说话又扬手，话我听不见，扬手的意思是叫我们不要站在门口被雨溅湿了。我和妞儿便依着妈妈的手势进屋来，关上了门，跑到窗前向玻璃外面看。

“不知道要下多久？”妞儿问。

“你可回不去了。”我说完，连着又打了两个喷嚏。

我望着屋里，想找个地方倒下来，最好有一床被让我卧在里面。屋里虽然有个旧床铺，但是床上堆了箱子和花盆，而且满是灰尘。我受不住了，不由得走向床那边去，靠在箱子上。忽然想起妞儿存在空箱里的两件衣服，打开拿了出来。

妞儿也过来了，她问：

“你要干吗？”

“帮我穿上，我冷了。”我说。

妞儿笑笑说：

“你好娇啊！下一点雨，就又打喷嚏，又要穿衣服的。”

她帮我穿上一件，另一件我裹在腿上。我们坐在一块洗衣板上，挤在墙角，这样我好像舒服一些。但是妞儿却心疼被我裹在腿上的衣服，说：

“我就这两件衣服，别给我拉扯坏了呀！”

“小气鬼，你妈给你做了好多衣服呢！借我一件都舍不得！”也许我的头又发晕，不知怎么，嘴里说妞儿的妈，心里却想到秀贞屋里炕桌上一包小桂子的衣服。

妞儿瞪大了眼，指着她自己的鼻子说：

“我妈？给我做好多衣服？你睡醒了没有？”

“不是，不是，我说错了。”我仰起头，靠在墙上，闭上眼，想了一下才说：

“我是说秀贞。”

“秀贞？”

“我三婶。”

“你三婶，那还差不多，她给你做了好多衣服，多美呀！”

“不是给我做的，是给小桂子做的。”我转过头，对着妞儿的脸看，她的一个脸，被我看成两个脸，两个脸又合成一个脸。是妞儿，还是小桂子，我分不清了，我心里想的，有时不是我嘴里说的，我的心好像管不住我的嘴了。

“干吗这么瞪着我？”妞儿惊奇地把头略微闪躲了我一下。

“我在想一个人，对了，妞儿，讲讲你爸跟你妈的故事吧！”

“他们有什么可讲的！”妞儿撇了一下嘴，“我爸爸在前清有皇上的时候，不用做事一天到晚吃喝玩乐，后来前清没有了，他就穷了，又不会做事，把钱花光了，就靠拉胡琴赚钱，他教我唱戏，恨不得我一下子就唱得跟碧云霞那么好，那么赚钱。嘿！小英子，我现在上天桥唱戏去了，围一圈子人听，唱完了我就捧着个小箩筐跟人要钱，一要钱人都溜了，回来我爸爸就揍我！他说，给钱的都是你爷爷，你得摆个笑脸儿，瞧你这份儿丧！说着他就拿棍子抡我。”

“你说的那个碧云霞也在天桥唱呀？”

“哪儿呀！人家在戏院子里唱，城南游艺园，离天桥也不远，听碧云霞的才都是大爷哪！可是我爸爸常说，在戏园子唱的，有好些是打天桥唱出来的。他就逼着我学，逼着我唱。”

“你不是也很爱唱吗？怎么说是他逼的？”

“我爱随我自己，愿意唱就唱，愿意唱给谁听就唱给谁听，那才有意思。就比如咱们俩在这屋里，我唱给你听。”

是的，我想起刚认识妞儿的那天，油盐店的伙计要她唱，她眼里含着泪的那样子。

“可是你还得唱呀！你不唱赚不了钱怎么办！”

“我呀，哼！”妞儿狠狠地哼了一声，“我还是要找我亲爹亲妈去！”

“那么你怎么原来不跟你亲爹亲妈在一起呢？”这是我始终不明白的一件事。

“谁知道！”妞儿犹豫着，要说不说的样子。外面的雨还是那么大，天像要塌下来，又像天上有一个大海的水都倒到地上来。

“有一天，我睡觉了，听我爸跟我妈吵架。我爸说：‘这孩子也够拗的，嗓门儿其实挺好，可是她说不玩就不玩，可有什么办法呢！’我那瘸子妈说：‘你越揍她，越不管事儿。’我爸说：‘不揍她，我怎么能出这口气！捡来的时候还没冬瓜大，我捧着抱着带回家，而今长得比桌子高了，可是不由人管了。’我妈说：‘你当初把她捡回来就错了主意，跟亲生亲养的到底不一样，说老实话，你也没按亲生的那么疼她，她也不能拿你当亲爹那么孝顺。’我爸叹了口气，又说：‘一晃儿五六年了！我那天也真邪行，走到齐化门脸儿屎急了。’我妈说：‘是呀，你说一大早儿捡点煤核来烧，省得让人看见怪寒碜的，每天你不都是起来先出恭然后才漱口洗脸吗？那天你忙得没上茅房，饶着煤核没捡回来，倒捡了个不知谁家私生的小崽子来。’我爸又说：‘我想着找城根底下蹲蹲吧，谁知道就看见个小包袱了呢！我先还以为我要发邪财，打开一看，敢情是她，活玩意儿，小眼还骨碌骨碌直转哪！’我妈妈说：‘哼！你而今打算在她身上发财，赶明儿唱得跟碧云霞那么红，可不易。’……”

我又闭上眼睛，仰头靠着墙听妞儿絮絮叨叨地说，我好像听过这故事，是谁讲的呢？还说大清早就把那孩子裹包裹包扔到齐化门城根去？也许我是做梦，我现在常常做梦，宋妈说我白天玩疯了晚饭又吃撑了，才又咬牙又撒癔症的。是吗？我就闭着眼问妞儿：

“妞儿，你跟我说了好几遍这故事啦！”

“胡说，我跟谁也没说过，我今儿头一回跟你说。你有时候糊里糊涂的，还说要上学呢！我瞧你考不上。”

“可是，我真是知道的呀！你生的那时候，正是青草要黄了，绿叶快掉了，那不冷不热的秋天，可是窗户外头倒是飘进来一阵子桂花的香气……”

妞儿推推我，我睁开眼，她奇怪地问：

“你在说什么？是不是又睡着了撒癔症？”

“我刚才说了什么？”我有些忘了，刚才也许是在梦中。

妞儿摸摸我的头，我的胳膊，她说：“你好烫啊！衣服穿多了吧！把我的衣服脱下来吧！”

“哪里热，我心里好冷啊！冷得我直想打哆嗦！”我说着，看自己的两条腿，果然抖起来。

妞儿看看窗外说：

“雨停了，我该回去了。”

她要站起来，我又拉住她，搂住她的脖子说：

“我要看你后脖子上的那块青记，小桂子，你妈说你后脖上有块青记，让我找找……”

妞儿略微地挣开我，说：“你怎么今天总说小桂子小桂子的？你现在这样儿，就像我爸喝醉了说胡话一样！”

“是呀！你爸爸就爱喝口酒，冬天为的驱驱寒意，那天风挺大，你妈给他打了点儿酒又买了半空儿花生……”

我糊里糊涂地说着，拉开妞儿那条狗尾巴小辫儿，可不是，可不是，恍恍惚惚的，我看见在那杂乱的黄头发根里面，中间是有一块指头大的青记。我浑身都抖起来了。

妞儿把她的脸贴在我的脸上，惊奇地说：

“你怎么啦？你的脸好热啊！都红了，是不是病了？”

“没有，我没病。”我这时精神起来了，但是妞儿把我搂在她的怀里，我正好看到妞儿尖尖的下巴。她低下头来，一对大眼睛里，忽然含满了泪。我也好像有什么委屈，实在我是觉得头发重，支持不住了。妞儿这么搂着我，摸抚着我，一种亲爱的感觉，使我流出泪来了。妞儿说：

“英子，好可怜，身上这么烫！”

我也说：

“你也好可怜，你的亲爹，亲妈——啊，妞儿，我带你找你的亲妈去，你们再一块儿去找你亲爹。”

“上哪儿找去？你睡觉吧，我怕你，你别瞎说了。”说着，她又搂紧我，拍哄我。但是我听了她的话，立刻从她怀里挣扎起来，喊着说：

“我不是瞎说！我是知道你亲妈在哪儿，就在不远。”我又搂着她的脖子在她耳旁小声说，“我一定要带你去，你亲妈说的，教我看见你就带你去，就是，不错，脖子后面有块青记的嘛！”

她又奇怪地望着我，好一会儿才说：

“你的嘴好臭，一定是吃多了上火。可是，真的有这回事儿吗？……你说我亲妈？”

我看着她那惊奇的眼睛，点点头。她的长睫毛是湿的，我 说，她微笑了，眼泪流到泪坑上！我觉得难过，又闭上眼，眼前冒着金星，再睁开眼，她变成秀贞的脸了，我抹去了眼泪再仔细看，还是妞儿的。我这时又管不住我的嘴了，我说：

“妞儿，晚上你吃完饭来找我，咱们在横胡同口见面，我就带你上秀贞那儿去，衣服你也不用带，她给你做了一大包袱，我还送了你一只手表，给你看时候。我也要送秀贞一点东西。”

这时我听见妈在叫我。原来雨停了，天还是阴的，妞儿说：

“你妈叫你呢！咱们先别说了，那就晚上见吧！”说着她就站起身，匆匆地推门出去了。

我很高兴，所以有一股力气站起来了，脱下妞儿的衣服，扔在鸡笼上。我推门出去，院子里一阵凉风吹着我，地上满是水，妈妈叫我顺着廊檐走，可是我已经蹚水过来了。妈妈拉起我的手，刚想骂我吧，忽然她又两手在我手上，身上，头上乱按，惊慌地说：

“怎么浑身这样烧，病了，看是不是？中午从大太阳底下晒回来，脸通红，刚才又淋了雨，现在又蹚水。水，总是要玩水！去躺下吧！”

我也觉得浑身没有力气了，随着妈妈把我拖到小床上。她给我脱了湿的鞋，换了干的衣服，把我安置在床上躺下来，裹在软绵绵的被子里，我的确很舒服，不由得闭上眼睛就睡着了。

醒来的时候，觉得热了，踢开了被子。这时屋里漆黑，隔着布帘子空隙，可以看见外屋已经点了灯。我忽然想起一件要紧的事，大声叫：

“妈，你们是不是在吃饭？”

“这样混，她居然要吃饭呢！”是爸爸的声音。跟着，妈妈进来了，端进来煤油灯放在桌上。我看见她的嘴还动着，嘴唇上有油，是吃了“回肉”吗？

妈妈到床前来，吓唬着我说：“你爸要打你了，玩病了还要吃。”

我急了，说：

“我不是要吃饭，我今天根本一天没吃饭呀！就是问问你们吃饭了没有？我还有事呢！”

“鬼事！”妈妈把我又按着躺下，说，“身上还这么热，不知道你烧到多少度了，吃完饭我去给你买药。”

“我不吃药，你给我药吃，我就跑走，你可别怪我！”

“瞎说！等一会儿宋妈吃完饭，叫她给你煮稀粥。”

妈不理会我的话，她说完就又回外屋去吃饭了。我躺在床上，心里着急，想着和妞儿约好吃完饭在横胡同口见面，不知道她来了没有？细听外面又有淅淅沥沥的雨声，虽然不像白天那样大，可是横胡同里并没有可躲雨的地方，因为整条胡同都是人家的后墙。我急得胸口发痛，揉搓着，咳嗽了，一咳嗽，胸口就像许多针扎着那么痛。

妈妈这时已经吃完饭，她和爸爸进来了。我的手按着嘴唇，是想用力压着别再咳嗽出来，但是手竟在嘴上发抖。我发抖，不是因为怕爸爸，我今天从下午起一直在抖，腿在抖，手在抖，心也抖，牙也抖。妈妈这时看见我发抖的样子，拿起我放在嘴唇上的手，说：

“烧得发抖了，我看还是给你去请趟山本大夫吧！”

“不要！不要那个小日本儿！”

爸爸这时也说：

“明天早晨再说吧，先用冰毛巾给她冰冰头管事的。我现在还要给老家写信，赶着明天早上发出去呢！”

宋妈也进来看我了。她向妈妈出主意说：

“到菜市口西鹤年堂家买点小药，万应锭什么的，吃了睡个觉就好。”

妈妈很听话，她向来就听爸爸的话，也听宋妈的话，所以她说：

“那好嘛，宋妈，我们俩上街去买一趟。英子，乖乖地躺着，吃了药赶快好了好上学。等着，我还顺便到佛照楼带你爱吃的八珍梅回来。”

现在，八珍梅并不能打动我了，我听妈和宋妈撑了伞走了，爸爸也到书房去了，我满心想着和妞儿的约会。她等急了吗？她会失望地回去了吗？

我从被子里爬出来，轻手轻脚地下了地，头很重，又咳嗽了，但是因为太紧张，这回并没有觉到胸口痛。我走到五屜橱的前面站住了，犹豫了一会儿，终于大胆地拉开了妈妈放衣服的那个抽屜，在最里面，最下面，是妈妈的首饰匣。妈妈开首饰箱只挑爸爸不在家的时候，她并不瞒我和宋妈的。

首饰匣果然在衣服底下压着，我拿了出来打开，妈妈新打的那只金镯在里面！我心有点儿跳，要拿的时候，不免向窗外看了一眼，玻璃窗外黑漆漆的，没有人张望，但是可以照到我自己的影子。我看见我怎样拿出金镯子，又怎样把首饰匣放回衣服底下，推合了抽屜，我的手是抖的。我要给秀贞她们做盘缠，妈妈说，二两金子值好多好多钱，可以到天津，到上海，到日本玩一趟，那么不是更可以够秀贞和妞儿到惠安去找思康三叔吗？这么一想，我觉得很有理，便很放心地把金镯子套在我的胳膊上面了。

我再转过头，忽然看玻璃窗上，我的影子清楚了，不！吓了我一跳，原来是妞儿！她在向我招手，我赶快跑了出去，妞儿头发湿了，手上也有水，她小声地对我说：

“我怕你真在横胡同等我，我吃完饭就偷偷跑出来了。

我等了你一会儿，想着你不来了，我刚要回去，听见你妈跟宋妈过去了，好像说给谁买药去，我不放心你，来看看，你们家的大门倒是没闩上，我就进来了。”

“那咱们就去吧！”

“上哪儿去？就是你白天说的什么秀贞呀？”

我笑着向她点了头。

“瞧你笑得怕人劲儿！你病糊涂了吧！”

“哪里！”我挺起胸脯来，立刻咳嗽了，赶快又弯下身子来才好些，我把手搭在她的肩上说，“你一去就知道了，她多惦记你啊！比着我的身子给你做了好些衣服。对了，妞儿，你心里想着你亲妈是什么样儿？”

“她呀，我心里常常想，她要是真的思念我，也得像我这么瘦，脸是白白净净的……”

“是的，是的，你说得一点儿都没错儿。”我俩一边说着，一边向门外走去，门洞黑乎乎的，我摸着开了门，有一阵风夹着雨吹进来，吹开了我的短褂子，肚皮上又凉又湿，我仍是对她说：

“你妈妈她薄薄的嘴唇，一笑，眼底下就有两个泪坑，一哭，那眼睫毛又湿又长，她说，小英子，我千托万托你……”

“嗯。”

“她说，小桂子可是我们俩的命根子呀……”

“嗯。”

“她第一天见着我，就跟我说，见着小桂子，就叫她回来。饭不吃，衣服也不穿，就往外跑，急着找她爹去……”

“嗯。”

“她说，叫她回来，我们娘儿俩一块儿去，就说我不骂她……”

“嗯。”

我们俩已经走到惠安馆门口了，妞儿听我说，一边“嗯，嗯”地答着，一边她就抽搭着哭了，我搂着她，又说：

“她就是……”我想说疯子，停住了，因为我早就不称呼她是疯子了，我转了话口说，“人家都说她想你想疯啦！妞儿，你别哭，我们进去。”

妞儿这时好像什么都不顾了，都要我给她出主意，她只是一边走,一边靠在我的肩头哭,她并没有注意这是什么地方。

上了惠安馆的台阶，我轻轻地一推，那大门就开了，秀贞说，惠安馆的大门，前半夜都不闩上，因为有的学生回来得很晚。一扇门用杠子顶住，那一半就虚关着。我轻声对妞儿说：

“别出声。”

我们轻轻地，轻轻地走进去，经过门房的窗下，碰到了房檐下的水缸盖子，有了响，里面是秀贞的妈问：

“谁呀？”

“我，小英子！”

“这孩子！黑了还要找秀贞，在跨院里呢！可别玩太晚了，听见没有？”

“嗯。”我答应着，搂着妞儿向跨院走去。

我从来没有黑天以后来这里，推开跨院的门，吱扭的一声响，像用一根针划过我的心，怎么那么不舒服！雨地里，我和妞儿迈步，我的脚碰到一个东西，低头看是我早晨捉的那瓶吊死鬼，我拾起来，走到门边的时候，顺手把它放在窗台上。

里屋点着灯，但不亮。我开开门，和妞儿进去，就站在通里屋的门边。我拉着妞儿的手，她的手也直抖。

秀贞没理会我们进来，她又在床前整理那口箱子，背向着我们，她头也没回地说：

“妈，您不用催我，我就回屋睡去，我得先把思康的衣服收拾好呀！”

秀贞以为进来的是她的妈妈，我听了也没答话，我不知道怎么办好了，我想说话，但抽了口气，话竟说不出口，只愣愣地看着秀贞的后背，辫子甩到前面去了，她常常喜欢这样，说是思康三叔喜欢她这样打扮，喜欢她用手指绕着辫梢玩的样子，也喜欢她用嘴咬辫梢想心思的样子。

大概因为没有听见我的答话吧？秀贞猛地回转身来“哟”地喊了一声：“是你，英子，这一身水！”她跑过来，妞儿一下子躲到我身后去了。

秀贞蹲下来，看见我身后的影子，她瞪大了眼睛，慢慢地，慢慢地，侧着头向我身后看，我的脖子后面吹过来一口一口的热气，是妞儿紧挨在我背后的缘故，她的热气一口比一口急，终于“哇”的一声哭出来，秀贞这时也哑着嗓子喊叫了一声：

“小桂子！是我苦命的小桂子！”

秀贞把妞儿从我身后拉过去，搂起她，一下就坐在地下，搂着，亲着，摸着妞儿。妞儿傻了，哭着回头看我，我退后两步倚着门框，想要倒下去。

过了好一会儿，秀贞才松开妞儿，又急急地站起来，拉着妞儿到床前去，急急地说：

“这一身湿！换衣服，咱们连夜地赶，准赶得上，听！”是静静的雨夜里传过来一声火车的汽笛声，尖得怕人。秀贞仰头听着想了一下又接着说：“八点五十有一趟车上天津，咱们再赶天津的大轮船，快快快！”

秀贞从床上拿出包袱，打开来，里面全是妞儿，不，小桂子，不，妞儿的衣服。秀贞一件一件给妞儿穿上了好多件。秀贞做事那样快，那样急，我还是第一回看见。她又忙忙叨叨地从梳头匣子里取出了我送给小桂子的手表，上了上弦给妞儿戴上。妞儿随秀贞摆弄，但眼直望着秀贞的脸，一声也不响，好像变呆了。我的身子朝后一靠，胳膊碰着墙，才想起那只金镯子。我撩起袖子，从胳膊上把金镯子褪下来，走到床前递给秀贞说：

“给你做盘缠。”秀贞毫不客气地接过去，立刻套在她的手腕上，也没说声谢谢，妈妈说人家给东西都要说谢谢。

秀贞忙了好一阵子，乱七八糟的东西塞了一箱子，然后提起箱子，拉着妞儿的手，忽然又放下来，对妞儿说：“你还没叫我呢，叫我一声妈。”秀贞蹲下来，搂着妞儿，又扳过妞儿的头，撩开妞儿的小辫子看她的脖子后头，笑着说，“可不是我那小桂子，叫呀！叫妈呀！”

妞儿从进来还没说过一句话，她这时被秀贞搂着，问着，

竟也伸出了两只手，绕着秀贞的脖子，把脸贴在秀贞的脸上，轻轻地难为情地叫：

“妈！”

我看见她们两个人的脸，变成一个脸，又分成两个脸，觉得眼花，立刻闭住眼扶住床栏，才站住了。我的脑筋糊涂了一会儿，没听见她们俩又说了什么，睁开眼，秀贞已经提起箱子了，她拉起妞儿的手，说：“走吧！”妞儿还有点认生，她总是看着我的行动，伸出手来要我，我便和她也拉了手。

我们轻手轻脚地走出去，外面的雨小些了，我最后一个出来，顺手又把窗台上的那瓶吊死鬼拿在手里。

出了跨院门，顺着门房的廊檐下走，这么轻，脚底下也还是扑哧扑哧的有些声音。屋里秀贞的妈妈又说话了：

“是英子吗？还是回家去吧！赶明再来玩。”

“哎。”我答应了。

走出惠安馆的大门，街上漆黑一片，秀贞虽然提着箱子拉着妞儿，但是她们竟走得那样快，秀贞还直说：

“快走，快走，赶不上火车了。”

出了椿树胡同口，我追不上她们了，手扶着墙，轻轻地喊：

“秀贞！秀贞！妞儿！妞儿！”

远远的有一辆洋车过来了，车旁暗黄的小灯照着秀贞和妞儿的影子，她俩不顾我还在往前跑。秀贞听见我喊，回过头来说：“英子，回家吧，我们到了就给你来信，回家吧！回家吧……”

声音越细越小越远了，洋车过去，那一大一小的影儿又蒙在黑夜里。我扒着墙，支持着不让自己倒下去，雨水从人家的房檐直落到我头上、脸上、身上，我还哑着嗓子喊：

“妞儿！妞儿！”

我又冷，又怕，又舍不得，我哭了。

这时洋车从我的身旁过去，我听见车篷里有人在喊：

“英子，是咱们的英子，英子……”

啊！是妈妈的声音！我哭喊着：

“妈啊！妈啊！”

我一点力气没有了，我倒下去，倒下去，就什么都不知道了。

五

远远的，远远的，我听见一群家雀儿在叫，吱吱喳喳、吱吱喳喳。那声音越来越近了……不是家雀儿，是一个人，那声音就在我耳边。她说：

“……太太，您别着急了，自己的身子骨也要紧，大夫不是说了准保能醒过来吗？”

“可是她昏昏迷迷的有十天了！我怎么不着急！”

我听出来了，这是宋妈和妈妈在说话。我想叫妈妈，但是嘴张不开，眼睛也睁不开，我的手，我的脚，我的身子，在什么地方哪！我怎么一动也不能动，也看不见自己一点点？

“这在俺们乡下，就叫中了邪气了。我刚又去前门关帝庙给烧了股香，您瞧，这包香灰，我带回来了，回头给她灌下去，好了您再上关帝庙给烧香还个愿去。”

妈妈还在哭，宋妈又说：

“可也真是怪事，她怎么一拐能拐了俩孩子走？咱们要是晚回来一步，英子就追上去了，唉！越想越怕人，乖乖巧巧的妞儿！唉！那火车，俩人一块儿，唉！我就说妞儿长得俊倒是俊，就是有点薄相……”

“别说了，宋妈，我听一回，心凉一回。妞儿的衣服呢？”

“鸡笼子上扔的那两件吗？我给烧了。”

“在哪儿烧的？”

“我就在铁道旁边烧的。唉！挺俊的小姑娘！唉！”

“唉！”

两个人唉声叹气的，停了一会儿没说话。

等再听见茶匙搅着茶杯在响，宋妈又说话了：

“这就灌吧？”

“停一会儿，现在睡得挺好，等她翻身动弹时再说。家里都收拾好了？”妈问。

“收拾好了，新房子真大，电灯今天也装好了，这回可方便啰！”

“搬了家比什么都强。”

“我说您都不听嘛！我说惠安馆房高墙高，咱们得在门口挂一个八卦镜照着它，你们都不信。”

“好了，不必谈了，反正现在已经离开那倒霉的地方就是了。等英子好了，什么也别跟她说，回到家，换了新地方，让她把过去的事儿全忘了才好，她要问什么，都装不知道，听见了没有？宋妈。”

“这您不用嘱咐，我也知道。”

他们说的是什么，我全不明白，我在想，这是怎么回事儿？有什么事情不对了吗？我想着想着觉得自己在渐渐地升高，升高，我是躺在这里，高、高、高，鼻子要碰到屋顶了。“呀！”我浑身跳了一下，又从上面掉下来，一惊疑就睁开了眼睛，只听宋妈说：

“好了，醒了！”

妈妈的眼睛又红又肿，宋妈也含着眼泪。但是我仍说不出话，不知怎么样才可以张开嘴。这时妈妈把我搂抱起来，捏住我的鼻子，我一张嘴，一匙水就一下给我灌了下去，我来不及反抗，就咽下了，然后我才喊：

“我不吃药！”

宋妈对妈说：

“我说灵不是？我说关帝老爷灵验不是？喝下去立刻会说话。”

妈给我抹去嘴边的水，又把我弄躺下来。我这时才奇怪起来，看看白色的屋顶、白色的墙壁、白色的门窗和桌椅，这是什么地方？我记得我是在一个……我问妈妈说：

“妈，外面在下雨吗？”

“哪儿来的雨，是个大太阳天呀！”妈说。

我还是愣愣地想，我要想出一件事情来。

这时宋妈挨到我身边来，她很小心地问我：

“认得我吗？英子！”

我点点头："宋妈。"

宋妈对妈笑笑。妈又说：

"你发烧病了十天了，爸爸和妈妈把你送到医院来住，等你好了，我们就回到新的家去，新的家还装了电灯呢！"

"新的家？"我很奇怪地问。

"新的家，是呀！我们的新家在新帘子胡同，记着，老师考你的时候，问你家住在哪儿？你就说，新——帘——子胡同。"

"那么……"有些事情我实在想不起来了，所以要说什么，也不能接下去，我就闭上眼睛。妈说：

"再睡会儿也好，你刚好还觉得累，是不是？"妈妈说着就摸抚我的嘴巴、我的眼皮、我的头发，忽然一个东西一下碰到了我的头，疼了一下，我睁开眼看，是妈妈手上套的那只——那只金镯子！我不由得惊喊了一声："镯子！"妈没说什么，把金镯子又推到手腕上去。我的眼睛直望着妈妈的金镯子，心想着，这只金镯子不是——不就是我给一个人的那只吗？那个人叫什么来着？我糊涂了，但不敢问，因为我现在不能把那件事记得很清楚。我怎么就生病，就住到这医院里来了呢？我是一点儿也不清楚。

妈妈拍拍我说：

"别发呆了，看你发烧睡大觉的时候，多少人给你送吃的、玩的东西来！"

妈妈从床头的小桌上拿起来一个很好看的匣子，放在枕边，一边打开来，一边说：

“匣子是刘婆婆给你买的，留着装东西用，里面，喏，你看，这珠链子是张家三姨送你的。喏，这支自动铅笔是叔叔给你的。你自己玩吧！”她便转头跟宋妈说话去了。

我随着妈妈的说明，一件件从匣里拿出来看，我再摸出来的是一只手表，上面镶了几颗钻，啊！这是我自己的东西！但是——我手举着表，一动也不动地看着，想着，它怎么会在这只匣子里？它不是也被我送给人了吗？

“妈！”我不禁叫了一声，想问问。妈回过头看见，连忙接过表去，笑着说道：

“看，这只表我给你修理好了，你听！”

妈把表挨近我的耳朵，果然发出嘀嗒嘀嗒的声音。然而这时我想起了一些事情，我想起了一个人，又一个人。她们的影子，在我眼前晃。

“妈！”我再叫一声还想问问。

妈妈慌忙又从匣子拿出别的玩意儿来哄我：

“喏，再看这个，是……”

我忽然想起好些事情来了，我跟一个人，还有一个人的事情，但是妈妈为什么那样慌慌忙忙地不许人问？现在我是多么思念她们两个人啊！我心里太难受，真想哭，我忽然翻身伏在枕头上，就忍不住大声地哭起来。我哭着，嘴里喊：“爸爸！爸爸！”

妈妈和宋妈赶着来哄我，妈妈说：

“英子想爸爸了，爸爸知道多高兴，他下班就会来看你！”

宋妈说：

“孩子委屈啰，孩子这回受大委屈啰！”

妈妈把我抱起来搂着我，宋妈拍着我，她们全不懂得我！我是在想那两个人啊！我做了什么不对的事吗？我很怕！爸爸，爸爸，你是男人，你应当帮助我啊！我是为了这个才叫爸爸的。

我哭了一阵子很累了，闭上眼睛偎在妈妈的怀里。妈妈轻轻摇着我，低声唱她的老家的歌：

“天乌乌，要落雨，老公仔举锄头巡水路，巡着鲫仔鱼要娶某，龟举灯，鳖打鼓……”她又唱：

“饲阉鸡，阉鸡饲大只，刣给英子吃，英子吃不够，去后尾门仔咪咪哭！”那轻轻的摇动使我舒服多了，听到这儿，我不由得睁开眼笑了。妈妈很高兴地亲着我的脸说：

“笑了，笑了，英子笑了。宋妈已经把家里的油鸡杀了给你煮汤喝呢！”

宋妈从桌底下拿出一只小锅，打开来还冒着热气，她盛了一碗黄黄的汤还有几块肉，递到我面前，要我喝下去。我别过脸去不要看，不要吃。碗里是西厢房的小油鸡吗？我曾经摸着它们的黄黄软软的羽毛，曾经捉来绿色的吊死鬼喂它们，曾经有一个长长睫毛大眼睛里的泪滴落在它们的身上……我不说什么，把头钻进妈妈的胸怀里。妈妈说：

“她不想吃，再说吧，刚醒过来，是还没有胃口。”

我在医院住了十几天，刚可以起床伏在窗口向下面看望，爸爸就雇来一辆马车，把我接回家。

马车是敞篷的，一边是爸，一边是妈，我坐在中间，好神气。

前面坐了两个赶马车的人，爸爸催他们快一点，皮鞭子抽在马身上，马蹄子嘚嘚嘚嘚，嘚嘚嘚嘚，一路跑下去。马车所经过的路，我全都不认识。这条大街长又长，好像前面没尽没了。

我觉得很新鲜，转身脸向着车后，跪在座位上，向街上呆呆地看。两边的树一棵一棵地落在车后面，是车在走呢，还是树在走呢？

我仰起头来，望见了青蓝的天空，上面浮着一块白云彩，不，一条船。我记得她说："那条船，慢慢儿地往天边上挪动，我仿佛上了船，心是飘的。"她现在在船上吗？往天边儿上去了吗？

一阵小风吹散开我的前刘海，经过一棵树，忽然闻见了一阵香气，我回头看妈妈，心里想问："妈，这是桂花香吗？"我没说出口，但是妈妈竟也嗅了嗅鼻子对爸爸说：

"这叫作马缨花，清香清香的！"她看我在看她，就又对我说："小英子，还是坐下来吧，你这样跪着腿会疼，脸向后风也大。"

我重新坐正，只好看赶马车的人狠心地抽打他的马。皮鞭子下去，那马身上会起一条条的青色的伤痕吗？像我在西厢房里，撩起一个人的袖子，看见她胳膊上的那样的伤痕吗？早晨的太阳，照到西厢房里，照到她那不太干净的脸上，那又湿又长的睫毛一闪动，眼泪就流过泪坑淌到嘴边了！我不要看那赶车人的皮鞭子！我闭上眼，用手蒙住了脸，只听那嘚嘚的马蹄声。

太阳照在我身上，热得很，我快要睡着了，爸爸忽然用手指逗逗我的下巴说：

“那么爱说话的英子，怎么现在变得一句话都没有了呢？告诉爸，你在想什么呢？”

这句话很伤了我的心吗？怎么一听爸说，我的眼皮就眨了两下，碰着我蒙在脸上的手掌，湿了，我更不敢放开我的手。

妈妈这时一定在对爸爸使眼色吧？因为她说：

“我们小英子在想她将来的事呢！……”

“什么是将来的事？”从上了马车到现在，我这才说第一句话。

“将来的事就是英子要有新的家呀，新的朋友呀，新的学校呀……”

“从前的呢？”

“从前的事都过去了，没有意思了，英子都会慢慢忘记的。”

我没有再搭话，不由得再想——西厢房的小油鸡，井窝子边闪过来的小红袄，笑时的泪坑，廊檐下的缸盖，跨院里的小屋，炕桌上的金鱼缸，墙上的胖娃娃，雨水中的奔跑……一切都算过去了吗？我将来会忘记吗？

“到了！到了！英子，新帘子胡同到了，新的家到了！快看！”

新的家？妈妈刚说这是“将来”的事，怎么这么快就到眼前了？

那么我就要放开蒙在脸上的手了。

我们看海去

一

妈妈说的，新帘子胡同像一把汤匙，我们家就住在靠近汤匙的底儿上，正是舀汤喝时碰到嘴唇的地方。于是爸爸就教训我，他绷着脸，瞪着眼说：

“讲唔听！喝汤不要出声，苏苏苏的，最不是女孩儿家相。舀汤时，汤匙也不要把碗碰得当当当地响……”

我小心小心地拿着汤匙，轻慢轻慢地探进汤碗里，爸又发脾气了：

“小人家要等人人先舀过了再舀，不能上一个菜，你就先下手。”他又转过脸向妈妈，“你平常对孩子全没教习，也是不行的……”

我心急得很，只想赶快吃了饭到门口看方德成和刘平踢球玩，所以我就喝汤出了声，舀汤碰了碗，菜来先下手。我已经吃饱了，只好还坐在饭桌旁，等着给爸爸盛第二碗饭。爸爸说，不能什么都让佣人做，他这么大的人，在老家时，也还不是吃完了饭仍站在一旁，听着爷爷的教训。

我趁着给爸爸盛好饭，就溜开了饭桌，走向靠着窗前的

书桌去，只听妈妈悄悄对爸爸说：

“也别把她管得这么严吧，孩子才多大？去年惠安馆的疯子把她吓得那么一大场病，到现在还有胆小的毛病，听见你大声骂她，她就一声不言语，她原来不是这样的孩子呀！现在搬到这里来，换了一个地方，忘记以前的事，又上学了，好容易脸上长胖些……”

妈妈啊！你为什么又提起那件奇怪的事呢？你们又常常说，哪个是疯子，哪个是傻子，哪个是骗子，哪个是贼子，我分也分不清。就像我现在，抬头看见窗外蓝色的天空上，飘动着白色的云朵，就要想到国文书上第二十六课的那篇《我们看海去》：

我们看海去！
我们看海去！
蓝色的大海上，
扬着白色的帆。
金红的太阳，
从海上升起来，
照到海面照到船头。
我们看海去！
我们看海去！

我就分不清天空和大海。金红的太阳，是从蓝色的大海升上来的呢，还是从蓝色的天空升上来的呢？但是我很喜欢念这课书，我一遍一遍地念，好像躺在床上，又像睡在云上。我现在已经能够背下来了，妈妈常对爸爸、对宋妈夸我用功，书念得好。我喜欢念的，当然就念得好，像上学期的“人手足刀尺狗牛羊一身二手……”那几课，我希望赶快忘掉它们！

爸爸去睡午觉了，一家人都不许吵他，家里一点儿声音都没有，但是我听到街墙传来“嘭嘭”的声音，那准是方德成他们的皮球踢到墙上了。我在想，出去怎样跟他们说话，跟他们一起玩呢？在学校，我们女生是不跟男生说话的，理也不理他们，专门瞪他们，但是我现在很想踢球。

好妈妈，她过来了：

“出去跟那两个野孩子说，不要在咱们家门口踢球，你爸爸睡觉呢！”

有了这句话就好了，我飞快地向外跑，辫子又钩在门框的钉子上了，拔起我的头发根，痛死啦！这只钉子为什么不取掉？对了，是爸爸钉的，上面挂了一把鞋掸子，爸爸临出门和回家来，都先掸一掸鞋。他教我也要这样做，但是我觉得我鞋上的土，还是用跺脚的法子，跺得更干净些。

宋妈在门道喂妹妹吃粥，她头上的簪子插着薄荷叶，太阳穴贴着小红萝卜皮，因为她在闹头痛的毛病。开街门的时候，宋妈问我：

“又哪儿疯去？”

“妈叫我出去的。”我理由充足地回答她。

门外一块圆场地，全被太阳照着，就像盛得满满的一匙汤。我了不起地站到方德成的面前说：

“不许往我们家墙上踢球，我爸爸睡觉呢！”

方德成从地上捡起皮球，傻乎乎地看着我。

在我们家的斜对面，是一所空房子，里面没有人家住，只有一个看房的聋子老头儿，也还常常倒锁了街门到他的女儿家去住。宋妈不知道从哪儿听来的，说这所房子总租不出去，是因为闹鬼。妈妈听了就跟爸爸说：“北京城怎么这么多闹鬼的房子？”

在闹鬼房子和另一所房子的中间，有一块像一间房子那么大的空地，长满了草，前面也有看来我都能迈过去的矮破砖墙，里面的草长得比墙高。这块空地听说原来是闹鬼房子的马号，早就塌了，没有人修，就成了一块空草地。

我看着那片密密高高的草地，它旁边正接着一段闹鬼房子的墙，我对傻方德成他们说：

“不会上那边踢去，那房里没住人。”

他们俩一听，转身就往对面跑去。球儿一脚一脚地踢到墙上又打回来，是多么的快活。

这是条死胡同，做买卖的从汤匙的把儿进来，绕着汤匙底儿走一圈，还得从原路出去。这时剃头挑子过来了，那两片铁夹子“唤头”弹得嗡嗡地响，也没人出来剃头。打糖锣的也来了，他的挑子上有酸枣面儿，有印花人儿，有山楂片，还有珠串子，都是我喜欢的，但是妈妈不给钱，又有什么办法！打糖锣的老头子看我站在他的挑子前，就轻轻地对我说：

“去，去，回家要钱去！”

教人要钱，这老头子真坏！我心里想着，就走开了。我不由得走向对面去，站在空草地的破砖墙前面，看方德成和刘平他们俩会不会叫我也参加踢球。球滚到我脚边来了，我赶快捡起来扔给他们。又滚到更远一点儿的墙边去了，我也跑过去替他们捡起来。这一次刘平一脚把球踢得老高老高的，他自己还夸嘴说："瞧老子踢得多棒！"但是这回球从高处落到那片高草地里去了。

"英子，你不是爱捡球吗？现在去给我们捡吧！"刘平一头汗地说。

有什么不可以？我立刻就转身迈进破砖墙，脚踏在比我还高的草堆里。我用两手拨开草才想起，球掉到哪儿了呢？怎么能一下就找到？不由得回头看他们，他们俩已经跑到打糖锣的挑子前，仰着脖子在喝那三大枚一瓶的玉泉山汽水。

我探身向草堆走了两步，刘平在喊我："留神脚底下狗屎，林英子！"

我听了吓得立刻停住了，向脚底下看看，还好，什么都没有。我拨开左面的草，右面的草，都找不到球。再向里走，快到最里面的墙角了，我脚下碰着一个东西，捡起来看，是把钳子，没有用，我把它往面前一丢，当的一声响了，我赶快又拨开前面的草，这才发现，钳子是落在一个铜盘子上面，盘子是反扣着的。真奇怪！我不由得蹲下来，掀开铜盘子，底下竟是叠得整整齐齐的一条很漂亮带穗子的桌毯和一件很讲究的绸衣服，我赶紧用铜盘子又盖住，心突突地跳，慌得很，好像我做了什么不对的事被人发现了，抬头看看，并没有人影，草被风吹得向前倒，打着我的头，我只看见草上面远远的那块蓝色的海，不，蓝色的天。

我站起身来往出口的路走，心在想，要不要告诉刘平他们？我走出来，只见他们俩已经又在地上弹玻璃球了，打糖锣的老头子也走了。刘平头也没抬地问我：

“找着没有？”

“没有。”

“找不着算了，那里头也太脏，狗也进去拉屎，人也进去撒尿。”

我离开他们回家去。宋妈正在院子里收衣服，她看见我皱起眉头（小红萝卜皮立刻从太阳穴掉下来了）说：

“瞧裹的这身这脸的土！就跟那两个野小子踢球踢成这模样儿？”

“我没有踢球！”我的确没有踢球。

“骗谁！”宋妈撇嘴说着，又提起我的辫子，“你妈梳头是有名的手紧，瞧！还能让你玩散了呢！你说你够多淘！头绳儿哪？”

“是刚才那门上的钉子钩掉的。”我指着屋门那只挂撢子的钉子争辩说。这时我低头看见我的鞋上也全是土，于是我在砖地上用力地跺上几跺，土落下去不少。一抬头，看见妈妈隔着玻璃窗在屋里指点着我，我歪着头，皱起鼻子，向妈妈眯眯地笑了笑。她看见我这样笑，会什么都原谅我的。

二

第二天、第三天，好几天过去了，方德成他们不再提起那个球，但是我可惦记着，我惦记的不是那个球，是那块草地，草地里的那堆东西。我真想告诉妈或者宋妈，但是话到嘴边又收回去了。

今天我的功课很快就做完了，两位数的加法真难算，又要进位，又要加点，我只有十个手指头，加得忙不过来。算术算得太苦了，我就要背一遍《我们看海去》，我想，躺在那海中的白帆船上，会被太阳照得睁不开眼，船儿在水上摇呀摇的，我一定会睡着了。“我们看海去，我们看海去”，我收拾铅笔盒的时候，这样念着；我把书包挂在床栏上，这样念着；我跳出了屋门槛儿，这样念着。

爸和妈正在院子里，妈妈抱着小妹妹，爸爸在剪花草，他说夹竹桃叶子太多了，花就开得少，该去掉一些叶子。他又用细绳儿把枝子捆扎一下，那几棵夹竹桃，就不那么散散落落的了。他又给墙边的喇叭花牵上一条条的细绳子，钉在围墙高处，早晨的太阳照在这堵墙上，喇叭花红紫黄蓝的全开开了，但现在不是早晨，几朵喇叭花已经萎了。

妈妈对爸爸说：

“带把锁回来吧，贼闹得厉害，连新华大街上还闹贼呢！”

爸爸在专心剪栽花草，鼻孔一张一张的，他漫不经心地说：“新华街，离这里还远呢！”抬头看见我又说，“是不是？英子！”

我点点头，那空草地在我眼前闪了一下。

小妹妹这时从妈妈的身上挣脱下来，她刚会走路，就喜欢我领她。我用跳舞的步子带着她走，小妹妹高兴死啦！咯咯地笑，我嘴里又念着“我们看海去”，念一句，跳一步舞，这样跳到门口。宋妈刚吃过饭，用她那银耳挖子在剔牙，每剔一下，就啧啧地吸着气，要剔好大的工夫，仿佛她的牙很重要！小妹妹抱住她的腿，她把耳挖子在身上抹了抹，插到她的髻儿上去。

宋妈抱起小妹妹走出街门了，她对妹妹说：

“俺们逛街去啰！俺们逛街街去啰！”宋妈逛大街的瘾头很大，回来后就有许多新鲜事儿告诉妈妈，神妖贼怪，骡马驴牛。

宋妈走远去了，小妹妹还在向我招手，天还没有黑，但是太阳不见了，只有对面空房子的墙角上，还有一丝丝光。再看过去，旁边的空草地上，也还有一片太阳闪着亮，草被风吹得轻轻地动，我看愣了，不由得向它走过去。我家隔壁的门前，停了一个收买破烂货的挑子，却不见人，大概是到谁家收买破烂儿去了吧！这时门前的空地上，一个人也没有。

我走向空草地，一边边过破墙，一边心想，如果被宋妈或者什么人看见我到这里来的话，我就说，我来找那个皮球的，本来嘛！

我没有专心找球，但也希望能看到它，我的脚步是走向那个神秘的墙角。我憋住气，拨动着高草，轻轻地向前探着脚步，我是怕又踩到什么东西。

那些东西，还能够在这地方吗？我那天怎么不敢多看一看，立刻就反身退出来呢？现在这些东西如果还在这地方的话，我又怎么办呢？当然没有办法，我只是想看一看，因为我喜欢奇怪的事。

但是当我拨开那一丛草的时候，使我倒抽了一口气，惊奇地喊了一声：

“哦！”

有一个人蹲在草地上！他也惊吓地回过头来“哦”了一声。瞪着眼望了我一阵，随后他笑了：

“小姑娘，你也上这儿来干吗？”

“我呀，”我竟答不出话来，愣了一下，终于想出来了，“我来找球。”

“球？是不是这个？”他说着，从身后的一堆东西里拿出一个皮球，果然是刘平他们丢的那个。我点点头，接过球来便转身退出去，但是他把我叫住了：

“嗯——小姑娘，你停停，咱们谈谈。”

他是穿着一身短打裤褂，秃着头，浓浓的眉毛，他的厚嘴唇使我想起了会看相的李伯伯说过的话：“嘴唇厚厚敦敦的，是个老实人相。”我本来有点怕，想起这句话就好多了。他说话的声音仿佛有点发抖，人也不肯站起来，但是我知道他身后有一堆东西，不知道是不是那天的铜茶盘什么的。他说：

“小姑娘，你几岁啦？念书了没有？”

“七岁，在厂甸附小一年级。”常常有人问我同样的话，所以我能一下就回答出来。

“嗬！那是好学堂。谁接你送你上学呀？”

“我自己。”回答了以后，想起爸爸，所以我又说，“爸爸说，小孩子要早早养成自立的本事，现在，你知道不知道，新华街城墙打通了，叫作兴华门，我就不用绕顺治门啦！”

“小姑娘会说话，家教好。”他不住地点头，“你爸爸说得对，小孩子要早早地就学着自个儿，嗯——自个儿那什么的本事，唉！——”他忽然低头长长地叹一口气，又抬头望着我，笑着问我：“你猜我是来干吗？”

“你呀——我猜不出。”我摇摇头，但又忽然想起来了，“你是不是来这里拉屎？”

“拉屎？”他睁大了眼睛，“对啦，对啦，我是来出恭的啦！”

“不讲卫生！”

“我们这路人，没有卫生。”

我又低头斜着眼望了一下他的背后，他好像在想什么，愣了一会儿，从短褂口袋里掏出了一把玻璃球，都是又圆又亮的汽水球：

“哪，这些个给你。”

“我不要！”这种事一点儿也不能坏我的心眼儿。爸爸说过，不许随便拿人家的东西。

“是我给你的呀！”他还是要塞到我手里，但是我的手掌努力张开着，并不拳起来，球没法落在我手里，就都掉在草地上了。我又说：

“人家给的也不能随便要。”

“这孩子！”他也很没有办法的样子，随后他又问我，“你们家知道你上这儿来吗？”

我摇摇头。

“你回去了，要告诉你们家里的人看见我了吗？”

我还是摇头。

“那好，可千万别跟人说看见我了呀！我也是好人。”

谁又说他是坏人了呢？他的样子好奇怪！我猜他不是来拉屎的，那堆东西，跟他有关系。

“回去吧！快黑了！”他指指天，乌鸦飞过去了。

“那你呢？”我问他。

“我也走呀，你先走。”他掸掸身上落下的碎草，好像要站起来，接着又说，“可别说出去呀，小姑娘，你还小，不懂事，等赶明儿，我跟你慢慢地谈，故事多着呢！”

“讲故事？”

“是呀！我常常来，我看你这小姑娘是好心肠，咱们交个道义朋友，我跟你讲我弟弟的故事儿呀，我的故事儿呀。”

“什么时候？”说到讲故事，我最喜欢。

“遇见了，咱们就聊聊，我一个人儿，也闷得慌。”

他说的话，我不太懂，但是我觉得这样一个大朋友，可以交一交，我不知道他是好人，还是坏人，我分不清这些，就像我分不清海跟天一样，但是他的嘴唇是厚厚敦敦的。

我转身向外拨动高草，又回过头来问他：

“明天你要来吗？”

“明天？不一定。”

他正拿一个包袱摊开来包些东西，草下面很暗了，看不清，但是可以听见“当当”的声音，准是那个铜盘子碰着掉在地上的汽水球了。那些是他的东西吗？

我走出了破砖墙，眼前这块地方还是没有人，但远远地我看见宋妈领着小妹妹回来了，我赶快向家里跑，路过隔壁的人家，看见那收破烂的挑子还摆在那里。

我和宋妈同时到了家门口，便牵了小妹妹的手一路走进家门，这时院子里的电灯亮了，电灯旁边的墙上爬着好几条蝎虎子，电灯上也飞绕着许多小虫儿。茶几已经摆在花池子旁边了，上面准是一壶香片茶，一包粉包烟，爸爸要在藤椅上躺好久好久，跟妈妈谈这谈那，李伯伯也许会来。

我把皮球放在茶几上，随手便把粉包烟拿起来打开，抽出里面的洋画儿，爸爸笑笑问我：

"封神榜的洋画儿存全了没有？"

"哪里会！那张姜子牙永远不会有。三只眼的杨戬我倒有三张啦！"

爸爸摸摸我的头笑着对妈妈说：

"这孩子，也知道什么姜子牙啦，杨戬啦！"

我也不知道是怎么个心气儿，忽然问爸爸：

"爸，什么叫作贼？"

"贼？"爸奇怪地望着我，"偷人东西的就叫贼。"

"贼是什么样子？"

"人的样子呀！一个鼻子两眼睛。"妈回答着，她也奇怪地望着我。

"怎么问起这个来了？"

"随便问问！"

我说着拿了小板凳来放在妈妈的脚下，还没坐下来呢，李伯伯就进来了，于是妈妈就赶我：

“去，屋里跟小妹妹玩去，不要在这里打岔。”

三

我洗脸的时候，把皮球也放在脸盆里用胰子洗了一遍，皮球是雪白的了，盆里的水可黑了。我把皮球收进书包里，这时宋妈走进来换洗脸水，她“哟”了一声，指着脸盆说：

“这是你的脸？多干净呀！”

“比你的臭小脚干净！”我说完扑哧笑了。我也不知为什么想到宋妈的脚，大概是因为她的脚裹得太严紧了。妈妈说过，那里面是臭的。

宋妈也笑了，她说：

“你嘴厉害不是？咬不动烧饼可别哭呀！”

咬不动烧饼，实在是我每天早晨吃早点时一件痛苦的事。我的大牙都被虫蛀了，前面的又掉了两个，新的还没长出来，所以我就没法把烧饼麻花痛痛快快地吃下去。为了慢慢地吃早点，我迟到了；为了吃时碰到虫牙我疼得哭了。那么我就宁可什么也不吃，饿着肚子上学去。

我把书包挂在肩膀上，自己上学去。出了新帘子胡同照直向城门走去，兴华门虽然打通了，但是还没有做好，城门里外堆了一层层的砖土，车子不通行，只有人可以走过。早晨的太阳照在土坡上，我走上土坡，太阳就照满我的全身，我虽然没吃早点，但很舒服，就在土坡上站了一会儿，看着

来来往往的行人。手扶着书包正碰着鼓起来的皮球，不由得想到了空草地里的情景，那个厚厚嘴唇的男人，他到底是干吗的？

我呆想了一会儿，便走下坡来，出了兴华门，马上就到学校了。

五年级的童子军把着校门，他们的样子多凶啊！但是多让人羡慕啊！我几时能当上童子军呢？

“书包里是什么？”童子军指着我的书包问。

我吓了一跳。

“是皮球，还给刘平的。”我说话都有点哆嗦了，我真怕他们。

童子军对我很好，他没有检查，手一挥，放我进去了。我可看见他从别的同学的裤袋里查出蚕豆来，查出山楂糖来，全给没收了。不许带吃的。

进了教室，我掏出皮球来给刘平，他愣着，大概忘了，我说：

“是你们那天丢的皮球呀！”

他这才想起来，很高兴地接过去，也不说声谢谢。

有一些同学们在吵吵闹闹，他们说，欢送毕业同学全校要开个游艺会，在大礼堂，每一班都要担任游艺会的一项表演节目，吵的就是我们这班会表演什么呢？我真奇怪，他们的消息从哪儿得来的？我怎么就不知道这些事情。

上课的时候，老师果然告诉我们，一、二年级的同学不会表演整出的话剧什么的，只好唱唱歌，跳跳舞。教跳舞唱歌的韩老师，要从一、二、三年级的同学里，挑出几个人来，合着演唱《麻雀与小孩》。啊！那是多么好听好看的一出歌舞啊！老师会选谁呢？会选我吗？我心跳了，因为我喜欢韩老师！她是我们附小韩主任的女儿。她冬天穿着一件藕荷色的旗袍，周身镶了白兔皮的边，在大礼堂里教我们跳舞、拉圈儿的时候，她刚好拉着我的手。她的手又热又软，我是多么喜欢她，她喜欢我吗？……

“……还有林英子，当小麻雀。”

啊！我还在做梦呢，什么也没听见，什么？真的是在叫我的名字吗？

“林英子，从明天起，下了课要晚一点儿回家，每天都由韩老师教你们，到三甲的教室去，听明白了没有？记住，要告诉家里一声。”

我只觉得脸热，真高兴死了，同学们会多么羡慕我啊！去跟三年级的大同学一起跳舞，虽然我当的是小小麻雀，只管飞来飞去，并不要唱什么。

我觉得时间过得真慢，因为我要赶快回家告诉臭小脚宋妈，她一定会抱妹妹来看游艺会，我才不要她来！下课的时候，同学都围着我，问我跳舞那天穿什么衣裳？害怕不害怕？女同学都跑过来搂着我，好像我是她们每一个人的好朋友。

好容易放学该回家吃午饭了，我加快了脚步，抢在同学的前面走出来。进了兴华门，过了高高低低的土坡，再走一小段路，就到新帘子胡同了。胡同里的第三家，是所大房子，平常大门关得严严的，今天却难得地敞开了，门口围着许多人，巡警也来了，不知道是什么事。但是我下午还要上学，不能挤进人堆里去看，赶快跑回家来。

宋妈正在气喘吁吁地跟妈讲什么，妈惊奇地瞪着眼听，又摇头，又啧啧。

“这回可大发了，一共偷了三十件，八成是昨天天好拿出来晒衣服，让贼给瞄上了。”

“从外面怎么能看得见呢？不是黑大门的那家吗？我路过也难得看见他们打开门，总是阴森森的。”

“今天大门一敞开，咱们才看见，真是天棚石榴金鱼缸，院子可豁亮啦！”

“现在怎么样了呢？”

“巡警在那儿查呢！走，珠珠，咱们再看去。”宋妈领着小妹妹，回头看见了我，“小英子，你去不去看热闹？”

“热闹？人家丢了那么多东西，多着急呀，你还说是热闹呢！”我说完撇了她一嘴。

“好心没好报！”宋妈终于又抱着妹妹走了。

我在饭桌上告诉妈妈，我参加表演《麻雀与小孩》的事，妈妈很高兴，她说要给我缝一件最漂亮的跳舞衣。我说：

“缝好了就锁在箱子里，不要让贼偷走啊！”

“不会啦，别说这丧话！”妈说。

我忍不住又问妈：

“妈，贼偷了东西，他放在哪儿呢？”

“把那些东西卖给专收贼赃的人。”

“收贼赃的人什么样儿？”

“人都是一个样儿，谁脑门子上也没刻着哪个是贼，哪个又不是。”

“所以我不明白！”我心里正在纳闷儿一件事。

“你不明白的事情多着呢！上学去吧，我的洒丫头！”

妈的北京话说得这么流利了，但是，我笑了：

“妈，是傻丫头，傻，‘ㄕㄚ’傻，不是‘ㄙㄚ’洒。我的洒妈妈！”说完我赶快跑走了。

四

因为放学后要练习跳舞，今天回来得晚一点儿。在兴华门的土坡上，我还是习惯地站了一会儿。城墙上面的那片天，是淡红的颜色了，海在这时也会变成红色的吗？我又默默地背起“我们看海去！我们看海去！……金红的太阳，从海上升起来……”那么现在不可以说是“金红的太阳，从天上落下去”吗？对了，我将来要写一本书，我要把天和海分清楚，我要把好人和坏人分清楚，我要把疯子和贼子分清楚，但是我现在却是什么也分不清。

我从土坡上下来，边走边想，走到家门口，就在门墩儿上坐下来，愣愣地没有伸手去拍门，因为我看见收买破烂货的挑子又停在隔壁人家门口了。挑挑子的人呢？我不由得举起脚步走向空草地那边去。这时门前的空地上，只见远远的有一个男人蹲在大槐树底下，他没有注意我。我迈进破砖墙，拨开高草，一步步向里走。

还是那个老地方，我看见了他！

“是你！”他也蹲在那里，嘴里咬着一根青草。他又向我身后张望了一下。招手叫我也蹲下来。我一蹲下来，书包就落在地上了。他小声地说：

“放学啦？”

“嗯。”

“怎么不回家？”

“我猜你在这里。”

“你怎么就能猜出来呢？”他斜起头看我，我看他的脸，很眼熟。

“我呀！”我笑笑。我只是心里觉得这样，就来了，我并不真的会猜什么事，“你该来了！”

“我该来了？你这话是什么意思？”他惊奇地问。

“没有什么意思呀！”我也惊奇地回答，“你还有什么故事没跟我讲哪！不是吗？”

“对对对，咱们得讲信用。”他点点头笑了。他靠坐在墙角，身旁有一大包东西，用油布包着，他就倚着这大包袱，好像宋妈坐在她的炕头上靠着被褥垛那样。

“你要听什么故事儿？”

“你弟弟的，你的。”

“好，可是我先问你，我还不知道你叫什么名儿呢？”

“英子。”

“英子，英子，”他轻轻地念着，“名儿好听。在学堂考第几？”

“第十二名。”

“这么聪明的学生才考十二名？应当考第一呀！准是贪

玩儿分了你的心。”

我笑了，他怎么知道我贪玩儿？我怎么能够不玩儿呢！

他又接着说：

“我就是小时候贪玩儿，书也没念成，后悔也来不及了。我兄弟，那可是个好学生，年年考第一，有志气。他说，他长大毕了业，还要漂洋过海去念书。我的天老爷，就凭我这没出息的哥哥，什么能耐也没有，哪儿供得起呀！奔窝头，我们娘儿仨，还常常吃了上顿没下顿呢！唉！”他叹了口气，“走到这一步，也是事非得已。小妹妹，明白我的话吗？”

我似懂，又不懂，只是直着眼看他。他的眼角有一堆眼屎，眼睛红红的，好像昨天没睡觉，又像哭过似的。

“我那瞎老娘是为了我没出息哭瞎的，她现在就知道我把家当花光了，改邪归正做小买卖，她不知道我别的。我那一心啃书本的弟弟，更拿我当个好哥哥。可不是，我供弟弟念书，一心要供到让他漂洋过海去念书，我不是个好人吗？小英子，你说我是好人？坏人？嗯？”

好人，坏人，这是我最没有办法分清楚的事，怎么他也来问我呢？我摇摇头。

“不是好人？”他瞪起眼，指着他自己的鼻子。

我还是摇摇头。

“不是坏人？”他笑了，眼泪从眼屎后面流出来。

“我不懂什么好人，坏人，人太多了，很难分。”我抬头看看天，忽然想起来了，“你分得清海跟天吗？我们有一课书，我念给你听。”

我就背起《我们看海去》那课书，我一句一句慢慢地念，他斜着头仔细地听。我念一句，他点头“嗯”一声。念完了我说：

“金红的太阳是从蓝色的大海升上来的吗？可是它也从蓝色的天空升上来呀？我分不出海跟天，我分不出好人跟坏人。”

“对，”他点点头很赞成我，“小妹妹，你的头脑好，将来总有一天你分得清这些。将来，等我那兄弟要坐大轮船去外国念书的时候，咱们给他送行去，就可以看见大海了，看它跟天有什么不一样。”

“我们看海去！我们看海去！”我高兴得又念起来。

“对，我们看海去，我们看海去，蓝色的大海上，扬着白色的帆……还有什么太阳来着？”

“金红的太阳，从海上升起来……”

我一句句教他念，他也很喜欢这课书了，他说：

“小妹妹，我一定忘不了你，我的心事跟别人没说过，就连我兄弟算上。”

什么是他的心事呢？刚才他所说的话，都叫作心事吗？但是我并不完全懂，也懒得问。只是他的弟弟不知要好久才会坐轮船到外国去？不管怎么样，我们总算订了约会，订了“我们看海去”的约会。

五

妈妈那条淡青色的头纱，借给我跳舞用。她在纱的四角各缀上一个小小铃儿。我把纱披在身上，再系在小拇指上，

当作麻雀的翅膀。我的手一舞动，铃儿就随着响，好听极了。

举行毕业典礼那天，同时也开欢送毕业同学会，爸妈都来了，坐在来宾席上，毕业同学坐在最前面，我们演员坐在他们后面。童子军维持秩序，神气死了，他们把童子军棍拦在礼堂的几个出入门口，不许这个进来，不许那个出去。典礼先开始了，韩主任发毕业证书，由考第一的同学代表去领取，那位同学上台领了以后，向韩主任鞠躬，转过身来又向台下大家一鞠躬，大家不住地鼓掌。我看这位领毕业文凭的同学很面熟，好像在哪里见过，唉！我真“洒”！每天在同一个学校里，当然我总会见过他的呀！

我们唱欢送毕业同学离别歌：“长亭外，古道边，芳草碧连天……问君此去几时来，来时莫徘徊。……”我还不懂这歌词的意思，但是我唱时很想哭，我不喜欢离别，虽然六年级的毕业同学我一个都不认识。

轮到我们的《麻雀与小孩》上场了，我心里又高兴，又害怕，这是我第一次登台。一场舞跳完，就像做梦一样，台下是什么样子，我一眼也不敢看，只听见嗡嗡的，还夹着鼓掌声。

我下了台，来到爸妈的来宾席。妈妈给我买了大沙果、玉泉山汽水和面包，我随便吃啦喝啦，童子军管不了啰！我并不愿意老老实实地坐在爸妈身边，便站起来，左看右看的，也为的让人家看见我就是刚才在台上的小麻雀。忽然，一晃眼，我看见一个熟悉的脸影，是坐在前边右面来宾席上的，他是？他侧过头来了，果然是他！我不知怎么，竟一下子蹲了下去，让前面的座位遮住我，我的脸好发烧，好像发生了什么事情。

我低下头想，他怎么也来了？是不是来看我？在那青草丛里，我对他讲过学校要开游艺会和我要表演的事了吗？如果他不是来看我的，又是来看谁呢？

我蹲在妈妈的脚旁太久，妈轻轻地踢了我一脚说：

“起来呀！你在找什么？”

我从座位下站起身，挨着妈妈坐下来，低头轻轻地吃沙果，眼睛竟不敢向右前方看去。妈妈笑笑说：

“你不是说今天是特别的日子，童子军不管同学吃零食的事吗？为什么还这么害怕？”

“谁说怕！”我把身子扭正过来。

这个大沙果是很难吃完的，因为我的牙！我吃着沙果，一边看台上，一边想心事。我想起来了，我想起来了，他的弟弟！一定是他考第　的弟弟在我们学校，就是领毕业证书的那个，我差点儿喊出来，幸亏沙果堵在嘴上，我只能从鼻子里“哼——”了一声。

游艺会仿佛很快就闭幕了，我们都很舍不得地离开学校回家。回家来，我还直讲游艺会的事情，说了又说，说了又说，好像这一天的快乐，我永远永远都忘不了。爸爸很高兴，他说我这次期考居然进到十名以内了，要买点儿东西鼓励我，爸说：

“要继续努力啊！一年年地进步上去，到毕业的时候，要像今天那个考第一的学生，代表同学领毕业证书。想一想，那位同学的爸爸坐在来宾席上，该是多么高兴呀！”

“他没有爸爸！”我突然这样喊出来，自己也惊奇了，他准是我所认为的那个人的弟弟吗？幸亏爸爸没有再问下去。但是这时候却引起我要到一个地方去的念头。晚饭吃过了，天还不太晚，我溜出了家门。

在门外乘凉的人很多，他们东一堆、西一堆地在说话，不会有人注意我。我假装不在意地走向空草地去。草长得更高，更茂盛了，拨开它，要用点力气呢！草里很暗，我不知道为什么要到这里来，也不知道他在不在，我只是一股子说不出的劲儿，就来了。

他没有在这里，但是墙角还有一个油布包袱，上面还压了两块石头。我很想把石头挪开，打开包袱看看，里面到底是些什么东西，但是我没敢这么做。我愣愣地看了一会儿，想了一会儿，眼睛竟湿了，我是想，夏天过去，秋天、冬天就会来了，他还会常常来这里吗？天气冷了怎么办？如果有一天，他的弟弟到外国去读书，那时他呢？还要到草地来吗？我蹲下来，让眼泪滴在草地上，我不知道为什么会这么伤心，我曾经有过一个朋友，人家说她是疯子，我却很喜欢她。现在这个人，人家又会管他叫什么呢？我很怕离别，将来会像那次离别疯子那样地和他离别吗？

地上有一个东西闪着亮，我捡起来看，是一个小铜佛，我随便把它拿在手里，就转身走出草地了。

经过大槐树底下的时候，一个戴着草帽穿着对襟短褂的男人向我笑眯眯地走过来，他说：

“小姑娘，你手里拿的是什么玩意儿呀？我看看行吗？”

有什么不行呢，我立刻递给他。

“这是哪儿来的？你们家的吗？”

“不是。”我忽然想起这不是我家的东西，我怎么能随便拿在手里呢！于是我就指着空草地里说：

“喏，那里捡来的。”

他听了点点头，又笑眯眯地还给我，但是我不打算要了，因为回家去爸爸知道我在外面捡东西也会骂的，我就用手一推，说：

“送给你吧！”

“谢谢你哟！”他真是和气，一定是个好人啦！

六

天气闷热，晚上蚊子咬得厉害，谁知半夜就下了一场大雨，一直下到大天亮。我们开完游艺会放三天假，三天以后再到学校去取作业题目，暑假就开始了。今天不用上学了。

雨水把院子刷洗了一次，好干净！墙边的喇叭花被早晨的太阳一照，开得特别美。走到墙角，我忽然想起了另一个墙角。那个油布包袱，被雨冲坏了吗？还有他呢？

我想到这儿，就忍不住跑出去，也不管会不会被别人看见。青草还是湿的，一拨开，水星全打到我的身上来、脸上来。

他果然在里面！但他不是在游艺会上的样子了，昨天他端端正正地坐在礼堂里，腰板儿是直的，脖子是挺的。现在哪！他手上是水和泥，秃头上也是水珠子。他坐在什么东西上，两手支撑着下巴，厚厚的上嘴唇咬着厚厚的下嘴唇，看见我去了，也没有笑，他一定是在想他的心事，没有理会我。

好一会儿，他才问我：

“小英子，我问你，你昨天有没有动过这包袱？”

我摇摇头。斜头看那包袱，上面压着的石头没有了，包袱也不像昨天那样整齐了。

“我想着也不是你，”他低下头自言自语的，“可是，要是你倒好了。”

“不是我！”我要起誓，“我搬不动那上面的石头。”我停了一下终于大胆地说：“而且，我昨天学校开游艺会，你也知道。”

“不错，我看见你了。”

我笑笑，希望他夸我小麻雀演得好，但是他好像顾不得这些了，他拉过我的手，很难过地说：

“这地方我不能久待了，你明白不？”

我不明白，所以我直着眼望他，不点头，也不摇头。他又说：

“不要再到这儿找我了，咱们以后哪儿都能见着面，是不是？小妹妹，我忘不了你，又聪明，又伶俐，又厚道。咱们也是好朋友一场哪！这个给你，这回你可得收下了。”

他从口袋里掏出一串珠子，但是我不肯接过来。

“你放心，这是我自个儿的，奶奶给我的玩意儿多啦！全让我给败光了，就剩下这么一串小象牙佛珠，不知怎么，挂在镜框上，就始终没动过，今天本想着拿来送给你的，这是咱们有缘。小英子，记住，我可不是坏人呀！”

他的话是诚实的，很动听，我就接过来了，绕两绕，套在我的手腕上。

我还有许多话要跟他说的，比如他的弟弟、昨天的游艺会，但是他扶着我的肩膀说：

“回去吧，小英子，让我自个儿再仔细想想。这两天别再来了，外面风声仿佛——唉，仿佛不好呢！”

我只好退出来了，我迈出破砖墙，不由得把珠串子推到胳膊上去，用袖子遮盖住，我是怕又碰见那个不认识的男人来要了去。

七

一天过去，两天过去，到了我到学校取暑假作业题目的日子了。

美丽的韩老师正在操场上学骑车，那是一种多么时髦的事情呀！只有韩老师才这么赶时髦。她骑到我的面前停下了，笑笑对我说：

“来拿作业呀？”

我点点头。

“暑假要快乐地过，下学期很快就开学了，那时候，你作业做好了，你的新牙也长出来了，兴华门也可以通车子了！”

她的话多么好听，我笑了。但是想起牙，连忙捂住嘴，可是太好笑了，我的新牙虽然没有长出来，可也要笑，我就哈哈地大笑起来，韩老师也扶着车把大笑了。

我和几个同路的同学一路回家，向兴华门走去，土坡儿已经移开了许多，韩老师说得不错，下学期开学，一定可以有许多车辆打这里经过，韩老师当然也每天骑了车来上课啦。她骑在车上像仙女一样，我在路上见了她，一定向她招手说："韩老师，早！"

走进新帘子胡同，觉得今天特别热闹似的，人们来来往往的，好像在忙一件什么事。也有几个巡警向胡同里面走去。又是谁家丢了东西吗？我的心跳了，忽然觉得有什么不幸。

越到胡同里面，人越多了。"走，看去！""走，看去！"人们都这么说，到底是看什么呢！

我也加紧了脚步，走到家门口时，看见家家的门都打开了，人们都站在门口张望，又好像在等什么，有的人就往空草地那面走去，大槐树底下也站满了人。

我家门墩上被刘平和方德成站上去了。宋妈抱着珠珠也站在门口，妈妈躲在大门里看，她说这叫规矩。

"怎么啦，宋妈？"我扯扯宋妈的衣襟问。

"贼！逮住贼啦！"宋妈没看我，只管伸着脖子向前探望着。

"贼？"我的心一动，"在哪儿？"

"就出来，就出来，你看着呀！"

人们嗡嗡地谈着，探着头。

"来啦！来啦！出来啦！"

我的眼前被人群挡住了，只看见许多头在攒动。人们从草地那边拥着过来了。

"就是他呀！这不是收破铜烂铁的那小子吗？"

前面一个巡警手里捧着一个大包袱，啊！是那个油布包袱！那么一定是逮住他了，我拉紧了宋妈的衣角。

“好嘛！”有人说话了，“他妈的，这倒方便，就在草堆里窝赃呀！”

“小子不是做贼的模样儿呀！人心大变啦！好人坏人看不出来啦！”

一群人过来了，我很害怕，怕看见他，但是到底看见了，他的头低着，眼睛望着地下，手被白绳子捆上了，一个巡警牵着。我的手满是汗。

在他的另一边，我又看见一个人，就是那个在槐树下跟我要铜佛的男人！他手里好像还拿着两个铜佛。

“就是那个便衣儿破的案，他在这儿守了好几天了。”有人说。

“哪个是便衣儿？”有人问。

“就是那个戴草帽儿的呀！手里还拿着贼赃哪！说是一个小姑娘给点引的路才破了案……”

我慢慢躲进大门里，依在妈妈的身边，很想哭。

宋妈也抱着珠珠进来了，人们已经渐渐地散去，但还有的一直追下去看。妈妈说：

“小英子，看见这个坏人了没有？你不是喜欢做文章吗？将来你长大了，就把今天的事儿写一本书，说一说一个坏人怎么做了贼，又怎么落得这么个下场。”

“不！”我反抗妈妈这么教我！

我将来长大了是要写一本书的，但绝不是像妈妈说的这么写。我要写的是：

“我们看海去。”

兰姨娘

从早上吃完点心起，我就和二妹分站在大门口左右两边的门墩儿上，等着看“出红差”的。这一阵子枪毙的人真多。除了土匪强盗以外，还有闹革命的男女学生。犯人还没出顺治门呢，这条大街上已挤满了等着看热闹的人。

今天枪毙四个人，又是学生。学生和土匪同样是五花大绑坐在敞车上，但是他们的表情不同。要是土匪就热闹了，身上披着一道又一道从沿路绸缎庄要来的大红绸子，他们早喝醉了，嘴里喊着：“过二十年又是一条好汉！”

“没关系，脑袋掉了碗大的疤瘌！”

“哥儿几个，给咱们来个好儿！”

看热闹的人跟着就应一声：

“好！”

是学生就不同了，他们总是低头不语，群众也起不了劲儿，只默默地拿怜悯的眼光看他们。我看今天又是枪毙学生，便想起这几天妈妈的忧愁，她前天才对爸爸说：

“这些日子，风声不好，你还留德先在家里住，他总是半夜从外面慌慌张张地跑来，怪吓人的。”

爸爸不在乎，他伸长了脖子，用客家话反问了妈一句："惊么该？"

"别说咱们来往的客人多，就是自己家里的孩子、佣人也不少，总不太好吧？"

爸爸还是满不在乎地说："你们女人懂什么？"

我站在门墩儿上，看着一车又一车要送去枪毙的人，都是背了手不说话的大学生，不知怎么，便把爸妈所谈的德先叔联想起来了。

德先叔是我们的同乡，在北京大学读书，住在沙滩附近的公寓里，去年开同乡会和爸认识的。爸很喜欢他，当作自己的弟弟一样。他能喝酒，爱说话，和爸很合得来，两个人只要一碟花生米、一盘羊头肉、四两烧刀子，就能谈到半夜。妈妈常在背地里用闽南话骂这个一坐下就不起身的客人："长屁股！"半年以前的一天晚上，他慌慌张张地跑到我们家，跟爸爸用客家话谈着。总是为一件很要命的事吧，爸把他留在家里住下了。从此他就在我们家神出鬼没的，爸却说他是一个了不起的新青年。

我是大姐，从我往下数，还有三个妹妹，一个弟弟，除了四妹还不会说话以外，我敢说我们几个人都不喜欢德先叔，因为他不理我们，这是第一个原因。还有就是他的脸太长，戴着大黑框眼镜，我们不喜欢这种脸。再就是，他来了，妈要倒霉，爸要妈添菜，还说妈烧不好客家菜，酿豆腐味儿淡啦！白斩鸡不够嫩啦！有一天妈高高兴兴烧了一道她自己的家乡菜，爸爸吃着明明是好，却对德先叔说："他们福佬人就知道烧五柳鱼！”

凭了这些，我们也要站在妈妈这一头儿。德先叔每次来，我们对他都冷冷的，故意做出看不起他的样子，其实他也不注意。

虽然这样，看着过“出红差”的，心里竟不安起来，仿佛这些要枪毙的学生，跟德先叔有什么关系似的，还没等过完，我便跑回家里问妈：

“妈！德先叔这几天怎么没来？”

“谁知道他死到哪儿去了！”妈很轻松地回答。停一下，她又奇怪地问我：“你问他干吗？不来不更好吗？”“随便问问。”说完我就跑了，我仍跑回门外大街上去，刚才街上的景象全没有了，恢复了这条街每天上午的样子。卖切糕的，满身轻快地推着他的独轮车，上面是一块已经冷了的剩切糕，孤零零地插在一根竹签上。我八岁，两个门牙刚掉，卖切糕的问我买不买那块剩切糕，我摇摇头，他开玩笑说：

“对了，大小姐，你吃切糕不给钱，门牙都让人摘了去啦！”

我使劲闭着嘴瞪他。

到了黄昏，虎坊桥大街另是一种样子啦。对街新开了一家洋货店，门口坐满了晚饭后乘凉的大人小孩，正围着一个装了大喇叭的话匣子。放的是“百代公司特请谭鑫培老板唱《洪羊洞》”，唱片发出沙沙的声音，针头该换了。二妹说：“大姐，咱们过去等着听《洋大人笑》去。”我们俩刚携起手跑，我又看见从对街那边，正有一队光头的人，向马路这边走来，他们穿着月白竹布褂，黑布鞋，是富连成科班要到广和楼去上夜戏。我对二妹说：

“看，什么来了？咱们还是回来数烂眼边儿吧！”

我和二妹回到自己家门口，各骑在一个门墩儿上，静等着，队伍过来了，打头领队的个子高大，后面就是由小到大排下去。对街《洋大人笑》开始了，在“哈哈哈”的伴奏中，我每看队伍里过一个红烂着眼睛的孩子，便喊一声：“烂眼边儿！”

二妹说：“一个！”

我再说：“烂眼边儿！”

二妹说：“两个！”

烂眼边儿，三个！烂眼边儿，四个！……今天共得十一个。富连成那些学戏的小孩子，比我们大不了多少，我们喊烂眼边儿，他们连头也不敢斜一斜，默默地向前走，大褂的袖子，老长老长，走起路来，甩搭甩搭的，都像傻子。

我们正数得高兴，忽然一个人走近我的面前来，“嘿”的一声，吓我一跳，原来是施家的小哥，他也穿着月白竹布大褂。他很了不起地问我：

“英子，你爸妈在家吗？”

我点点头。他朝门里走，我们也跟进去，问他什么事，他理也不理我们，我准知道他找爸妈有要紧的事。一进卧室的门，爸妈正在谈什么，看见小哥进来，他们仿佛愣了一下。

小哥上前鞠躬，然后像背书一样地说：

“我爸叫我来跟林阿叔林阿婶说，如果我家兰姨娘来了，不要留她，因为我爸把她赶出去了。”

这时妈走到通澡房的门口，我听见里面有哗啦哗啦的水声。爸爸点头说：

“好，好，回去告诉你爸爸，放心就是了。”

小哥又一深鞠躬告退了，还是那么正正经经，看也不看我们一眼。小哥儿走后，爸爸喝着香片茶，妈在点蚊香，两人都没说话。澡房的门打开了，呀！热气腾腾中，走出来的正是施家的兰姨娘！她是什么时候来的？她穿着一身外国麻纱的裤褂，走出来就平平衣襟，向后拢拢头发，笑眯眯地说：

“把在他们施家的一身晦气，都洗刷净啦！好痛快！”

妈说：“小哥刚才来了，你知道吧？”

“怎么不知道！”兰姨娘眉毛一挑，冷笑说，“说什么？他爸把我赶出来？怪不错的！我要走，大少奶奶还直说瞧她面子算了呢！这会儿又成了他赶我的喽！啧啧啧！”她的嘴直撇，然后又说，“别人留我不留，他也管得了？拦得住？走，秀子，跟我到前院去，叫你们家宋妈给我煮碗面吃。”

说着她就拉着二妹的手走出去了。爸爸一直微笑地看着兰姨娘，伸长了脖子，脚下还打着拍子。妈脸上一点笑容都没有，兰姨娘出去了，她才站在桌子前，冲着爸的后背说：

“施大哥还特意打发小哥儿来说话，怎么办呢？”

“惊么该？”爸的脑袋挺着。

“怕什么？你总是招些惹事的人来！好容易这几天神出鬼没的德先没来，你又把人家下堂的姨奶奶留下了，施大哥知道了怎么说呢？”

“你平常跟她也不错，你好意思拒绝她吗？而且小哥迟来了一步，是她先进门的呀！”

这时兰姨娘进来了，爸妈停止了争论，妈没好气地叫我：

“英子，到对门药铺给我买包豆蔻来，钱在抽屉里。”

“林太太，你怎么，又胃疼啦？林先生，准又是你给气的吧？”兰姨娘说完笑嘻嘻的。

我从抽屉里拿了三大枚，心里想着：豆蔻嚼起来凉飕飕的，很有意思。兰姨娘在家里住下多么好！她可以常常带我到城南游艺园去，大戏场里是雪艳琴的《梅玉配》，文明戏场里是张笑影的《锔碗丁》，大鼓书场里是梳辫子的女人唱大鼓，还要吃小有天的冬菜包子。我一边跑出去，一边想，满眼都是那锣鼓喧天的欢乐场面。

兰姨娘在我们家住了一个礼拜了，家里到处都是她的语声笑影。爸上班去了，妈到广安市场买菜去了，她跟宋妈也有说有笑的。她把施家老伯伯骂了个够，先从施伯伯的老模样儿说起，再说他的吝啬、他的刻薄、他的不通人情，然后又小声和宋妈说些什么，她们笑得吱吱喳喳的，宋妈高兴得眼泪都挤出来了。

兰姨娘圆圆扁扁的脸儿，一排整整齐齐的白牙，我最喜欢她左边那颗镶金的牙，笑时左嘴角向上一斜，金牙便很合适地露出来。左嘴巴还有一处酒窝，随着笑声打漩儿。

她的麻花髻梳得比妈的元宝髻俏皮多了，看她把头发拧成两股，一来二去就盘成一个髻，一排茉莉花总是清幽幽，半弯身地卧在那髻旁。她一身轻俏，掖在右襟上的麻纱手绢，一朵白菊花似的贴在那里。跟兰姨娘坐在一辆洋车上很舒服，她搂着我，连说：往里靠，往里靠。不像妈，黑花丝葛的裙子里，年年都装着一个大肚子。跟妈坐一辆洋车，她的大肚子把我顶得不好受，她还直说："别挤我行不行！"现在妈又大肚子要生第六个孩子了。有了兰姨娘，妈做家事倒也不寂寞，她跟妈有诉说不尽的心事，宋妈，张妈，都喜欢靠拢来听，我也小鱼上大串儿地挤在大人堆里，仰头望着兰姨娘那张有表情的脸。她问妈说："林太太，你生英子十几岁？"

"才十六岁。"妈说。

兰姨娘笑了："我开怀也只十六岁。"

"什么开怀？"我急着问。

"小孩子别乱插嘴！"妈叱责我，又向兰姨娘说，"当着孩子说话要小心，英子鬼着呢，会出去乱说。"

兰姨娘叹了口气："我十四岁从苏州被人带进了北京，十六岁那什么，四年见识了不少人，二十岁到底还是跟了施大这个老鬼……"

"施大哥今年到底高寿了？"妈打岔问。

"管他多大！六十，七十，八十，反正老了，老得很！"

"我记得他是六十……六十几来着？"妈还是追问。

"他呀，"兰姨娘扑哧笑了，看看我，"跟英子一般大，减去一周甲子，才八岁！"

"你倒也跟了他五年了，你今年不是二十五岁了么？"

"别看他六十八岁了，硬朗着呢！再过下去，我熬不过他，他们一家人对付我一个人，我还有几个五年好活！我不愿把年轻的日子埋在他们家。可是，四海茫茫，我出来了，又该怎么样呢？我又没有亲人，苏州城里倒有一个三岁就把我卖了的亲娘，她住在哪条街上，我也记不得了呀！就记得那屋里有一盏油灯，照着躺在床上的哥哥，他病了，我娘坐在床边哭,应该就是为了这病哥哥才把我卖的吧！想起来梦似的，也不知道是我乱想的，还是真的……”

兰姨娘说着，眼里闪着泪光，是她不愿意哭出来吧，嘴上还勉强笑着。

妈不会说话，笨嘴拙舌的，也不劝劝兰姨娘。我想到去年七月半在北海看烧法船的时候,在人群里跟妈妈撒开了手，还急得大哭呢，一个人怎么能没有妈？三岁就没了妈，我也要哭了，我说：“兰姨娘，就在我们家住下，我爸爸就爱留人住下，空房好几间呢！”

“乖孩子，好心肠，明天书念好了当女校长去，别嫁人，天底下男人没好的！要是你爸妈愿意，我就跟你们家住一辈子，让我拜你妈当姐姐，问她愿意不愿意？”兰姨娘笑着说。

“妈愿意吧？”我真的问了。

“愿意呀！”妈的声音好像在醋里泡过，怎么这么酸！

我可是很开心，如果兰姨娘能够好久好久地停留在我们家的话。她怎么也说我要当女校长呢？有一次，我站在对街的测字摊旁看热闹，测字的先生忽然从他的后领里抽出一把折扇，指着我对那些要算命的人说：“看见没有？这个小姑娘赶明儿能当女校长，她的鼻子又高又直，主意大着呢！有男人气。”兰姨娘的话，测字先生的话，让人听了都舒服得很，使我觉得自己很了不起。

爸对兰姨娘也不错，那天我跟着爸妈到瑞蚨祥去买衣料，妈高高兴兴地为我和弟弟妹妹们挑选了一些衣料之后，爸忽然对我说："英子，你再挑一件给你兰姨娘，你知道她喜欢什么颜色的吗？"

"知道知道，"我兴奋得很，"她喜欢一件蛋青色的印度绸，镶上一道黑边儿，再压一道白芽儿。"我比手画脚说得高兴，一回头看见坐在玻璃柜旁的妈，妈正皱着眉头在瞪我。伙计早把深深浅浅的绸子捧来好几匹，爸挑了一色最浅的，低声下气地递到妈面前说：

"你看看这料子还好吗？是真丝的吗？"

妈绷住脸，抓起那匹布的一端，大把地一攥，拳头紧紧的，像要把谁攥死。手松开来，那团绸子也慢慢散开，满是皱痕，妈说："你看好就买吧，我不懂！"

我也真不懂妈为什么忽然跟爸生气，直到有一天，在那云烟缭绕的鸦片烟香中，我才也闻出那味道的不对。

那个做九六公债的胡伯伯，常来我家打牌，他有一套烟具摆在我们家，爸爸有时也躺在那里陪胡伯伯玩两口。

兰姨娘很会烧烟，因为施伯伯也是抽大烟的。是要吃晚饭的时候了，爸和兰姨娘横躺在床上，面对面，枕着荷叶边的绣花枕头，上面是妈绣的拉锁牡丹花，中间那份烟具我很喜欢，像爸给我从日本带回来的一盒玩具。白铜烟盘里摆着小巧的烟灯，冒着青黄的火苗，兰姨娘用一只银签子从一个洋钱形的银盒里挑出一撮烟膏，在烟灯上烧得"嗞嗞"地响，然后把烟泡在她那红红的掌心上滚滚，就这么来回烧着滚着，烧好了插在烟枪上，把银签子抽出来，中间正是个小洞口。烟枪递给爸，爸噘着嘴，对着灯火抽着。我坐在小板凳上看兰姨娘的手看愣了，那烧烟的手法，真是熟巧。忽然，在喷云吐雾里，兰姨娘的手，被爸一把捉住了，爸说："你这是朱砂手，可有福气呢！"

兰姨娘用另一只手把爸的手甩打了一下，抽回手去，笑瞪着爸爸：

"别胡闹！没看见孩子？"爸也许真的忘记我在屋里了，他侧抬起头，冲我不自然地一笑，爸的那副嘴脸！我打了一个冷战，不知怎么，立刻想到妈。我站起来，掀起布帘子，走出卧室，往外院的厨房跑去。我不知道为什么要在这时候找母亲。跑到厨房，我喊了一声："妈！"背手倚着门框。

妈站在大炉灶前，头上满是汗，脸通红，她的肚子太大了，向外挺着，挺得像要把肚了送给人！锅里油热了，冒着烟，她把菜倒在锅里，才回过头来不耐烦地问我："干吗？"我回答不出，直着眼看妈的脸。她急了，又催我："说话呀！"

我被逼得找话说，看她"呱呱呱"地用铲子敲着锅底，把炒熟的菜装在盘子里，那手法也是熟巧的，我只好说："我饿了，妈。"

妈完全不知道刚才的那一幕使我多么同情她，她只是骂我：

"你急什么？吃了要去赴死吗？"她扬起锅铲赶我，"去去去，热得很，别在我这儿捣乱！"

在我的泪眼中，妈妈的形象模糊了，我终于"哇"的一声哭了出来。宋妈把我一把拉出厨房，她说：“一点都不知道心疼你妈，看这么热天，这么大肚子！”

我听了跳起脚尖哭。

兰姨娘也从里院跑出来，她说：“刚才不是还好好的吗？这会工夫怎么又捣乱捣到厨房来啦！”

妈说：“去叫她爸爸来揍她！”

天快黑了，我被围在家中女人们的中间，她们越叫我吃饭，我越伤心；她们越说我不懂事，我越哭得厉害。

在杂乱中，我忽然看见一白色的影子从我身旁擦过，是多日不见的德先叔，他连看都不看我一眼，直往里院走。看着他那轻飘飘白绸子长衫的背影，我咬起牙，恨一切在我眼前的人，包括德先叔在内。

第二天早晨，我是全家最迟起来的人，醒来我还闭着眼睛想，早点是不是应当继续绝食下去？昨天抽大烟闹朱砂手的事，给我的不安还没有解开，这使我想到几件事：我记得妈跟别人说过，爸爸在日本吃花酒，一家挨一家，吃一整条街，从天黑吃到天亮。妈就在家里守到天亮，等着一个醉了的丈夫回来。我又记得我们住在城里时，每次到城南游艺园听夜戏回来，车子从胭脂胡同韩家潭穿过时，宋妈总会把我从睡梦中推醒：醒醒，醒醒，大小姐！看，多亮！我睁开眼，原来正经过辉煌光亮的胡同，各家门前挂着围了小电灯扎彩的镜框，上面写着什么黛玉、绿琴等字样，宋妈跟我说过，兰姨娘没到施伯伯家，也是在这种地方住。她们是刮男人的钱，毁男人的家的坏东西！因为这样，所以一看到爸和兰姨娘那样的事，觉得使妈受了委屈，使我们都受了委屈。把原来喜欢兰姨娘的心，打了大大的折扣，我又恨，又怕。我起床了，要到前院去，经过厢房时，一晃眼看见兰姨娘正在墙前的桌上摸骨牌，她玩的过五关斩六将，我装着没看见，直走过去，因为心中还恨恨的。

“英子！”兰姨娘隔着窗子在叫我。

我不得不进屋了，兰姨娘推开桌上的骨牌，站起来拉着我的手，温柔地说：

“看你这孩子，昨天一晚上把眼睛都哭肿了，饭也没吃。”

她抚摸着我的头发，我绷着劲儿，一点笑容都没有。她又说：

“别难过，后天就是七月十五了，你要提什么样的莲花灯，兰姨娘给你买。”我摇摇头，她又自管自地接着说：

“你不是说要特别花样的吗？我帮你做个西瓜灯，好不好？要把瓜吃空了，皮削脱，剩薄薄的一层瓤子，里面点上灯，透明的，蛮有趣。”

兰姨娘话说多了，就不由得带了她家乡的口音，轻轻软软，多么好听！我被她说得回心转意了，点点头。

她见我答应了也很高兴，忽然又闲话问我：

“昨天跟你爸瞎三话四，讲到半夜的那只四眼狗是什么人？”

“四眼狗？”我不懂。

兰姨娘淘气地笑了，她用手掌从脸上向下一抹，手指弯成两个圈，往眼上一比：

“喏！就是这个人呀！”

“啊，那是我德先叔。”

这时，不知是什么心情，忽然使我站在德先叔这一边了，我有意把德先叔叫得亲热些，并且说：

“他是很有学问的，所以要戴眼镜。他在北京大学念书，爸说，他是顶、顶、顶新的新青年，很了不起！”我挑着大拇指说，很有把兰姨娘卑贱的身份硬压下去的意思。

“原来是大学生呀！”兰姨娘倒也缓和了，“那么就是你妈说过，常住在你们家躲风声的那个大学生喽？”

“是。”

“好，”兰姨娘点点头笑说，“你爸爸的心蛮好的，三六九等的人都留下了。”

我从兰姨娘的屋里出来，就不由得往前院德先叔住的南屋走去。我有权利去，因为南屋书桌抽屉里放着我的功课、我的小布人儿、我的《儿童世界》，德先叔正占用那书桌，我走进去就不客气地拉开书桌抽屉，翻这翻那，毫无目的。

他被我在他身旁闹得低下头来看。我说：“我的小刀呢？剪子呢？兰姨娘要给我做西瓜灯呐！”

“那个兰姨娘是你家什么人？我以前怎么没见过？”我多么高兴兰姨娘引起他的注意了。

“德先叔，你说那个兰姨娘好看不好看？”

“我不知道，我没看清楚。”

“她可看清楚你了，她说，你的眼睛很神气，戴着眼镜很有学问。”我想到四眼狗，简直不敢正眼朝他脸上看，只

听见他说："哦？哦？"

吃午饭的时候，德先叔的话更多了，他不那样旁若无人地总对爸一个人说话了，也不时转过头向兰姨娘表示征求意见的样子，但是兰姨娘只顾给我夹菜，根本不留神他。

下午，我又溜到兰姨娘的屋里。我找个机会对兰姨娘说：

"德先叔夸你哩！"

"夸我？夸我什么呀？"

"我早上到书房去找剪刀，他跟我说：'你那个兰姨娘，很不错呀！'"

"哟！"兰姨娘抿着嘴笑了，"他还说什么？"

"他说他说……他说你像他的一个女同学。"我瞎说。

"那人家是大学堂的，我怎么比得了！"

晚饭桌上，兰姨娘就笑眯眯的了，跟德先叔也搭搭话。

爸更高兴，他说：

"我这人就是喜欢帮助落难的朋友，别人不敢答应的事，我不怕！"说着，他就拍拍胸脯。爸酒喝得够多，眼睛都红了，笑嘻嘻斜眯着眼看兰姨娘。妈的脸色好难看，站起来去倒茶，我的心又冷又怕，好像我和妈妈要被丢在荒野里。

我整日守着兰姨娘，不让她有一点机会跟爸单独在一起。德先叔这次住在我们家倒是少出去，整日待在屋里发愣，要不就在院子里晃来晃去的。

七月十五日的下午，兰姨娘的西瓜灯完成了。一吃过晚饭，天还没有黑，我就催着兰姨娘、宋妈，还有二妹，点上自己的灯到街上去，也逛别人的灯。临走的时候，我跑到德先叔的屋里，我说：“我和兰姨娘去逛莲花灯，您去不去？我们在京华印书馆大楼底下等您！”说完我就跑了。

行人道上挤满了提灯和逛灯的人，我的西瓜灯很新鲜，很引人注意。但是不久我们就和宋妈、二妹她们走散了，我牵着兰姨娘的手，一直往西去，到了京华印书馆的楼前停下了，我假装找失散的宋妈她们，其实是在盼望德先叔。我在附近东张西望一阵没看见，便失望地回到楼前来，谁知德先叔已经来了，他正笑眯眯地跟兰姨娘点头，兰姨娘有点不好意思，也点头微笑着。德先叔说：“密斯黄，对于民间风俗很有兴趣。”

兰姨娘仿佛很吃惊，不自然地说：“哪里，哄哄孩子！您，您怎么知道我姓黄？”

我想兰姨娘从来没有被人叫过密斯黄吧，我知道，人家没结过婚的女学生才叫密斯，兰姨娘倒也配！我不禁撇了一下嘴，心里真不服气，虽然我一心想把兰姨娘跟德先叔拉在一起。

“我听林太太讲起过，说密斯黄是一位很有志气的，敢向恶劣环境反抗的女性！”德先叔这么说就是了，我不信妈这样说过，妈根本不会说这样的话。

这一晚上，我提着灯，兰姨娘一手紧紧地按在我的肩头上，倒像是我在领着一个瞎子走夜路。我们一路慢慢走着，德先叔和兰姨娘中间隔着一个我，他们在低低地谈着，兰姨娘一笑就用小手绢捂着嘴。第二天我再到德先叔屋里去，他跟我有的是话说了，他问我：

“你兰姨娘都看些什么书，你知道吗？”

“她正在看《二度梅》，你看过没有？”

德先叔难得向我笑笑，摇摇头，他从书堆里翻出一本书递给我说：“拿去给她看吧。”

我接过来一看，书面上印着:《易卜生戏剧集: 傀儡家庭》。

第三天，我给他们传递了一次纸条。第四天我们三个人去看了一次电影，我看不懂，但是兰姨娘看了当时就哭得郗歔的，德先叔递给她手绢擦，那电影是李丽吉舒主演的《二孤女》。第五天我们走得更远，到了三贝子花园。从三贝子花园回来，我兴奋得不得了，恨不得飞回家，飞到妈的身边告诉她，我在三贝子花园畅观楼里照哈哈镜玩时，怎样一回头看见兰姨娘和德先叔手拉手，那副肉麻相！而且我还要把全部告诉妈！但是回到家里,卧室的门关了,宋妈不许我进去，她说：

“你妈给你又生了小妹妹！”

直到第二天，我才溜进去看，小妹妹瘦得很，白苍苍的小手，像鸡爪子，可是那接生的产婆山田太太直夸赞，她来给妹妹洗澡，一打开小被包，露出妹妹的鸡爪子，她就用日本话拉长了声说：“可爱呀！可爱呀！”妈端着一碗香喷喷的鸡酒煮挂面，望着澡盆里的小肉体微笑着。她没注意我正在床前的小茶几旁打转。我很喜欢妈生小孩子，因为可以跟着揩油吃些什么，小几上总有鸡酒啦，奶粉啦，黑糖水啦，我无所不好。但是我今天更兴奋的是，心里搁着一件事，简直是非告诉她不可啦！

妈一眼看见我了："我好像好几天没看见你了，你在忙什么呢？这么热的天，野跑到哪儿去了？"

"我一直在家里，您不信问兰姨娘好了。"

"昨天呢？"

"昨天……"我也学会了鬼鬼祟祟，挤到妈床前，小声说："兰姨娘没告诉您吗？我们到三贝子花园去了。妈，收票的大高人，好像更高了，我们三个人还跟他合照了一张相呢，我只到那人这里。"

"三个人？还有一个是谁？"

"您猜。"

"左不是你爸爸！"

"您猜错了。"看妈的一副苦相，我想笑，我不慌不忙地学着兰姨娘，用手掌从脸上向下一抹，然后用手指弯成两个圈往眼上一比，我说："喏！就是这个人呀！"

妈皱起眉头在猜："这是谁？难道？难道是？"

"是德先叔。"我得意地摇晃着身体，并且拍拍我的新妹妹的小被包。"真的？"妈的苦相没了，又换了一副急相，"到底是怎么回事？你说，你从头说。"

我从四眼狗讲到哈哈镜，妈出神地听我说着，她怀中的瘦鸡妹妹早就睡着了，她还在摇着。

"都是你一个人捣的鬼！"妈好像责备我，可是她笑得那么好看。

"妈，"我有好大的委屈，"您那天还要叫爸揍我呢！"

"对了，这些事你爸知道不？"

“要告诉他吗？”

“这样也好。”妈没理我，她低头呆想什么，微笑着自言自语地说。然后她又好像想起了什么，抬起头来对我说：“你那天说要买什么来着？”

“一副滚铁环，一双皮鞋，现在我还要加上订一整年的《儿童世界》。”我毫不迟疑地说。

爸正在院子里浇花，这是他每天的功课，下班回家后，他换了衣服，总要到花池子花盆前摆弄好一阵子。那几盆石榴，春天爸给施了肥，满院子麻渣臭味，到五月，火红的花朵开了，现在中秋了，肥硕的大石榴都咧开了嘴向爸笑！但是今天爸并不高兴，他站在花前发呆。我看爸瘦瘦高高，穿着白纺绸裤褂的身子，晃晃荡荡的，显得格外的寂寞，他从来没有这样过。

宋妈正在开饭，她一趟趟地往饭厅里运碗运盘，今天的菜很丰富，是给德先叔和兰姨娘送行。我正在屋里写最后的大字。今年暑假过得很快乐，很新奇，可是暑假作业全丢下没有做，这个暑假没有人管我了。兰姨娘最初还催我写九宫格，后来她只顾得看《傀儡家庭》了，就懒得理我的功课。

九宫格里填满了我的潦草的墨迹，一张又一张的，我不像是写字，比鬼画符还难看。我从窗子正看到爸的白色的背影，不由得停下了笔，不知怎么，心里觉得很对不起爸。

我很纳闷儿，德先叔和兰姨娘是怎么跟爸提起他们要一起走的事呢？我昨天晚上要睡觉时一进屋，只听到爸对妈说：

“我怎么一点儿都不知道？”我不知道爸说的是什么事，

所以起初没注意，一边换衣服一边想我自己的事：还有两天就开学了，明天可该把大字补写出来了，可是一张九个字，十张九十个字，四十张三百六十个字，让我怎么赶呀！还是求求兰姨娘给帮忙吧。这时又听见妈说：

“这种事怎么能叫你知道了去！哼！”妈冷笑了一下。

“那么你知道？”

“我？我也不知道呀，德先是怎么跟你提起的？”

“他先是说，这些日子风声又紧了，他必得离开北京，他打算先到天津看看，再坐船到上海去。随后他又说：‘我有一件事要告诉大哥的，密斯黄预备和我一齐走。’”我这时才明白是讲的什么事，好奇地仔细听下去。

“哼！你听德先讲了还不吃一惊！”妈说。

“惊么该！”爸不服气，“不过出乎意料就是了，你真一点都不知道，一点都没看出来？”

“我从哪儿知道呢？”妈简直瞎说！停了一下妈又说：

“平常倒也仿佛看出有那么点儿意思。”

“那为什么不跟我说？”

“哟！跟你说，难道你还能拦住人家不成，我看他们这样很不错。”

“好固然好，可是我对于德先这种偷偷摸摸的行为不赞成。”

妈听了从鼻子里笑了一声，一回头看见了我，就骂我：“小孩子听什么！还不睡去！”

爸坐在那儿，两腿交叠着，不住地摇，我真想上前告诉他，在三贝子花园门口合照的相，德先叔还在上面题了字：相逢何必曾相识。兰姨娘给我讲了好几遍呢！可是我怕说出来爸会骂我，打我。我默默地爬上床，躺下去，又听妈说：

“他们决定明天就走吗？那总得烧几样菜送送他们吧？”

“随便你吧！”

我再没听到什么了，心里只觉得舍不得兰姨娘，眼睛勉强睁开又闭上了。梦里还在写大字，兰姨娘按着我的右肩头，又仿佛是在逛灯的那晚上，我想举笔写字，她按得紧，抬不起手，怎么也写不成。可是现在我正一张又一张地写，终于在晚饭前写完了，我带着一嘴的黑胡子和黑手印上了饭桌，兰姨娘先笑了：

“你的大字倒刷好了？”

我今天挨着兰姨娘坐，心中只觉依依不舍，妈直让酒，向兰姨娘和德先叔说：“你们俩一路顺风！”

爸不用人让，把自己灌得脸红红的，头上的青筋一条条像蚯蚓一样地暴露着，他举着酒杯伸出头，一直到兰姨娘的脸前，兰姨娘直朝后躲闪，嘴里说：“林先生，你别再喝了，可喝不少了。”

爸忽然又直起身子来，做出老大哥的神气，醉言醉语地说：“我这个人最肯帮朋友的忙，最喜欢成全朋友，是不是？德先，你可得好好待她哟！她就像我自家的妹子一样哟！”

爸又转过头来向兰姨娘说：“要是他待你不好，你尽管回到我这里来。”兰姨娘娇羞地笑着，就仿佛她是十八岁的大姑娘刚出嫁。宋妈在旁边侍候，也笑眯着，用很新鲜的眼光看兰姨娘。同时还把洒了双妹花露水的毛巾，一回又一回地送给爸爸擦脸。

马车早就叫来停在大门口了。我们是全家大小在门口送行的，连刚满月的小妹妹都抱出大门口见风了。

黄昏的虎坊桥大街很热闹，来来往往的，眼前都是人，也有邻居围在马车前等着看新鲜，宋妈早就告诉人家了吧！

兰姨娘换了一个人，她的油光刷亮的麻花髻没有了，现在头发剪的是华伦王子式！就跟我故事书里画的一样：一排头发齐齐的齐着眉毛，两边垂到耳朵边。身上穿的正是那件蛋青绸子旗袍，做成长身坎肩另接两只袖子样式的，脖子上围一条白纱，斜斜地系成一个大蝴蝶结，就跟在女高师念书的张家三姨打扮得一样样！

她跟爸妈说了很多感谢的话，然后低下身来摸着我的脸说："英子，好好地念书，可别像上回那么招你妈生气了，上三年级可是大姑娘啦！"

我想哭，也想笑，不知什么滋味，看兰姨娘跟德先叔同进了马车，隔着窗子还跟我们招手。那马车越走越远越快了，扬起一阵滚滚灰尘，就什么也看不清了。我仰头看爸爸，他用手摸着胸口，像妈每次生了气犯胃病那样，我心里只觉得有些对不起爸，更是同情。我轻轻推爸爸的大腿，问他：

"爸，你要吃豆蔻吗？我去给你买。"

他并没有听见，但冲那远远的烟尘摇摇头。

驴打滚儿

换绿盆儿的，用他的蓝布掸子的把儿，使劲敲着那个两面釉的大绿盆说：

“听听！你听听！什么声儿！哪找这绿盆儿去，赛江西瓷！您再添吧！”

妈妈用一堆报纸、三双旧皮鞋、两个破铁锅要换他的四只小板凳、一块洗衣服板；宋妈还要饶一个小小绿盆儿，留着拌黄瓜用。

我呢，抱着一个小板凳不放手。换绿盆儿的嚷着要妈妈再添东西。一件旧棉袄、两沓破书都加进去了，他还说：

“添吧，您。”

妈说：“不换了！”叫宋妈把东西搬进去，我着急买卖不能成交，凳子要交还他，谁知换绿盆儿的大声一喊：

“拿去吧！换啦！”他挥着手垂头丧气地说，“唉！谁让今儿个没开张哪！”

四个小板凳就摆在对门的大树荫底下，宋妈带着我们四个人——我、珠珠、弟弟、燕燕——坐在新板凳上讲故事。燕燕小，挤在宋妈的身边，半坐半靠着，吃她的手指头玩。

“你家小栓子多大了？”我问。

“跟你一般儿大，九岁啰！”

小栓子是宋妈的儿子。她这两天正给我们讲她老家的故事：地里的麦穗长啦，山坡的青草高啦，小栓子摘了狗尾巴花扎在牛犄角上啦！她手里还拿着一只厚厚的鞋底，用粗麻绳纳得密密的，是给小栓子做的。

“那么他也上三年级啦？”我问。

“乡下人有你这好命儿？他成年价给人看牛哪！”她说着停了手里的活儿，举起锥子在头发里划几下，自言自语地说，“今年个，可得回家看看了，心里老不顺序。”她说完愣愣的，不知在想什么。

“那么你家丫头子呢？”

其实丫头子的故事我早已经知道了，宋妈讲过好几遍。宋妈的丫头子和弟弟一样，今年也四岁了。她生了丫头子，才到城里来当奶妈，一来就到我们家，做了弟弟的奶妈。她的奶水好，弟弟吃得又白又胖。她的丫头子呢，就在她来我家试妥了工以后，让她的丈夫抱回乡下去给人家奶去了。我问一次，她讲一次，我也听不腻就是了。

“丫头子呀，她花钱给人家奶去啦！”宋妈说。

“将来还归不归你？”

“我的姑娘不归我？你归不归你妈？”她反问我。

“那你为什么不自己给奶？为什么到我家当奶妈？为什么你赚的钱又给了人家去？”

“为什么？为的是——说了你也不懂，俺们乡下人命苦

呀！小栓子他爸爸没出息，动不动就打我，我一狠心就出来当奶妈自己赚钱！”

我还记得她刚来的那一天，是个冬天，她穿着大红棉袄，里子是白布的，油亮亮的很脏了。她把奶头塞到弟弟的嘴里，弟弟就咕嘟咕嘟地吸呀吸呀，吃了一大顿奶，立刻睡着了，过了很久才醒来，也不哭了。就这样留下她当奶妈的。

过了三天，她的丈夫来了，拉着一匹驴，拴在门前的树干上。他有一张大长脸，黄板儿牙，怎么这么难看！妈妈下工钱了，折子上写着：一个月四块钱、两副银首饰、四季衣裳、一床新铺盖，过一年零四个月才许回家去。

穿着红棉袄的宋妈，把她的小孩子包裹在一条旧花棉被里，交给她的丈夫。她送她的丈夫和孩子出来时，哭了，背转身去掀起衣襟在擦眼泪，半天抬不起头来。媒人店的老张劝宋妈说：

“别哭了，小心把奶憋回去。”

宋妈这才止住哭，她把钱算给老张，剩下的全给了她丈夫。她嘱咐她丈夫许多话，她的丈夫说：

“您放心吧。”

他就抱着孩子牵着驴，走远了。

到了一年四个月，黄板儿牙又来了，他要接宋妈回去，但是宋妈舍不得弟弟，妈妈又要生小孩，就把她留下了。宋妈的大洋钱，数了一大垛交给她丈夫，他把钱放进蓝布褡裢里，叮叮当当的，牵着驴又走了。

以后他就每年来两回，小叫驴拴在院子里墙犄角，弄得满地的驴粪球，好在就一天，他准走。随着驴背滚下来的是一个大麻袋，里面不是大花生，就是大醉枣，他送给老爷和太太——我爸爸和妈妈。乡下有的是。

我简直想不出宋妈要是真的回她老家去，我们家会成什么样儿？谁给我老早起来梳辫子上学去？谁喂燕燕吃饭？弟弟挨爸爸打的时候谁来护着？珠珠拉了屎谁来给擦？我们都离不开她呀！

可是她常常要提回家去的话，她近来就问了我们好几次：“我回俺们老家去好不好？”

“不许啦！”除了不会说话的燕燕以外，我们齐声反对。

春天弟弟出麻疹闹得很凶，他紧闭着嘴不肯喝那芦根汤，我们围着鼻子眼睛起满了红疹的弟弟。妈说：

“好，不吃药，就叫你奶妈回去！回去吧！宋妈！把衣服，玩意儿，都送给你们小栓子、小丫头子去！”

宋妈假装一边往外走一边说：

“走啰！回家啰！回家找俺们小栓子、小丫头子去哟！”

“我喝！我喝！不要走！”弟弟可怜巴巴地张开手，要过妈妈手里的那碗芦根汤，一口气喝下了大半碗。宋妈心疼得什么似的，立刻搂抱起弟弟，把头靠着弟弟滚烫的烂花脸儿说：

“不走！我不会走！我还是要俺们弟弟，不要小栓子，不要小丫头子！”跟着，她的眼圈可红了，弟弟在她的拍哄中渐渐睡着了。

前几天，一个管宋妈叫大婶儿的小伙子来了，他来住两天，想找活儿做。他会用铁丝给大门的电灯编灯罩儿，免得灯泡儿被贼偷走。宋妈问他说：

“你上京来的时候，看见我们小栓子好吧？”

“嗯。”他好像吃了一惊，瞪着眼珠，“我倒没看见，我是打刘村我舅舅那儿来的！”

“噢。”宋妈怀着心思地呆了一下，又问，“你打你舅舅那儿来的，那，俺们丫头子给刘村的金子他妈奶着，你可听说孩子结实吗？”

“哦？”他又是一惊，“没——没听说。准没错儿，放心吧！”

停一下他可又说：

“大婶儿，您要能回趟家看看也好，三四年没回去啦！”

等到这个小伙子走了，宋妈跟妈妈说，她听了她侄子的话，吞吞吐吐的，很不放心。

妈妈安慰她说：

“我看你这侄儿不正经，你听，他一会儿打你们家来，一会儿打他舅舅家来。他自己的话都对不上，怎么能知道你家孩子的事呢！”

宋妈还是不放心，她说：

“打今年个一开年，我心里就老不顺序，做了好几回梦啦！”

她叫了算命的给解梦。礼拜那天又叫我替她写信。她老家的地名我已经背下了：顺义县牛栏山冯村妥交冯大明吾夫平安家信。

“念书多好，看你九岁就会写信，出门丢不了啦！”

“信上说什么？”我拿着笔，铺一张信纸，逞起能来。

“你就写呀，家里大小可平安？小栓子到野地里放牛要小心，别尽顾得下水里玩，我给做好了两双鞋一套裤褂。丫头子那儿别忘了到时候送钱去！给人家多道道乏。拿回去的钱前后快二百块了，后坡的二分地该赎就赎回来，省得老种人家的地。还有，我这儿倒是平安，就是惦记着孩子，赶下个月要来的时候，把栓子带来我瞅瞅也安心。还有——”

“这封信太长了！”我拦住她没完没了的话，“还是让爸爸写吧！”

爸爸给她写的信寄出去，宋妈这几天很高兴。现在，她问弟弟说：

“要是小栓子来，你的新板凳给不给他坐？”

“给呀！”弟弟说着立刻就站起来。

“我也给。”珠珠说。

“等小栓子来，跟我一块儿上附小念书好不好？”我说。

“那敢情好，只要你妈答应让他在这儿住着。”

“我去说！我妈妈很听我的话。”

“小栓子来了，你们可别笑他呀。英子，你可是顶能笑话人！他是乡下人，可土着呢！”宋妈说得仿佛小栓子等会儿就到似的。她又看看我说：

“英子，他准比你高，四年了，可得长多老高呀！”

宋妈高兴得抱起燕燕，放在她的膝盖上。膝盖头颠呀颠的，她唱起她的歌：

“鸡蛋鸡蛋壳壳儿，里头坐个哥哥儿，哥哥出来卖菜，里头坐个奶奶，奶奶出来烧香，里头坐个姑娘，姑娘出来点灯，烧了鼻子眼睛！”

她唱着，用手扳住燕燕的小手指，指着鼻子和眼睛，燕燕笑得咯咯的。

宋妈又唱那快板儿：

“槐树槐，槐树槐，槐树底下搭戏台，人家姑娘都来到，就差我的姑娘还没来。说着说着就来了，骑着驴，打着伞，光着屁股绾着髻……”

太阳斜过来了，金黄的光从树叶缝里透过来，正照着我的眼，我随着宋妈的歌声，斜头躲过晃眼的太阳，忽然看见远远的胡同口外，一团黑在动着。我举起手遮住阳光仔细看，真是一匹小驴，嘚、嘚、嘚地走过来了。赶驴的人，蓝布的半截褂子上，蒙了一层黄土。哟！那不是黄板儿牙吗？我喊宋妈：

“你看，真有人骑驴来了！”

宋妈停止了歌声，转过头去呆呆地看。

黄板儿牙一声：“窝——哦！”小驴停在我们的面前。

宋妈不说话，也不站起来，刚才的笑容没有了，绷着脸，眼直直瞅着她的丈夫，仿佛等着什么。

黄板儿牙也没说话，扑扑地掸打他的衣服，黄土都飞起来了。我看不起他！拿手捂着鼻子。他又摘下了草帽扇着，不知道跟谁说：

“好热呀！”

宋妈这才好像忍不住了，问说：

“孩子呢？”

“上——上他大妈家去了。”他又抬起脚来掸鞋，没看宋妈。他的白布的袜子都变黄了，那也是宋妈给做的。他的袜子像鞋一样，底子好几层，细针密线儿纳出来的。

我看着驴背上的大麻袋，不知道里面这回装的是什么。黄板儿牙把口袋拿下来解开了，从里面掏出一大捧烤得倍儿干的挂落枣给我，咬起来是脆的，味儿是辣的、香的。

“英子，你带珠珠上小红她们家玩去，挂落枣儿多拿点儿去，分给人家吃。”宋妈说。

我带着珠珠走了，回过头看，宋妈一手收拾起四个新板凳，一手抱燕燕，弟弟拉着她的衣角，他们正向家里走。黄板儿牙牵起小叫驴，走进我家门，他准又要住一夜。他的驴满地打滚儿，爸爸种的花草，又要被糟践了。

等我们从小红家回来，天都快黑了，挂落枣没吃几个，小红用细绳穿好全给我挂在脖子上了。

进门看见宋妈和她丈夫正在门道里。黄板儿牙坐在我们的新板凳上发呆，宋妈蒙着脸哭，不敢出声儿。

屋里已经摆上饭菜了。妈妈在喂燕燕吃饭，皱着眉，抿着嘴，又摇头又叹气，神气挺不对。

“妈，”我小声地叫，“宋妈哭呢！”

妈妈向我轻轻地摆手，禁止我说话。什么事情这样重要？

“宋妈的小栓子已经死了。”妈妈沙着嗓子对我说，她又转向爸爸，“唉！已经死了一两年，到现在才说出来，怪不得宋妈这一阵子总是心不安，一定要叫她丈夫来问问。

她侄子那次来，是话里有意思的。两件事一齐发作，叫人怎么受！”

爸爸也摇头叹息着，没有话可说。

我听了也很难过，不知道另外还有一件事是什么，又不敢问。

妈妈叫我去喊宋妈来，我也感觉是件严重的事，到门道里，不敢像每次那样大声呵斥她，我轻轻地喊：

“宋妈，妈叫你呢！”

宋妈很不容易地止住抽噎的哭声，到屋里来。妈对她说：

“你明天跟他回家去看看吧，你也好几年没回家了。”

“孩子都没了，我还回去干吗？不回去了，死也不回去了！”宋妈红着眼狠狠地说，并且接过妈妈手中的汤匙喂燕燕，好像这样就表示她待定在我们家不走了。

“你家丫头子到底给了谁呢？能找回来吗？”

“好狠心呀！”宋妈恨得咬着牙，“那年抱回去，敢情还没出哈德门，他就把孩子给了人，他说没要人家钱，我就不信！”

“给了谁，有名有姓，就有地方找去。”

“说是给了一个赶马车的，公母俩四十岁了没儿没女，谁知道他说的是真话假话！”

“问清楚了找找也好。”

原来是这么一回事儿，宋妈成年跟我们念叨的小栓子和丫头子，这一下都没有了。年年宋妈都给他们两个做那么多衣服和鞋子，她的丈夫都送给了谁？旧花棉被里裹着的那个小婴孩，到了谁家了？我想问小栓子是怎么死的，可是看着宋妈的红肿的眼睛，就不敢问了。

“我看你还是回去。”妈妈又劝她，但是宋妈摇摇头，不说什么，尽管流泪。她一匙一匙地喂燕燕，燕燕也一口一口地吃，但两眼却盯着宋妈看。因为宋妈从来没有这个样子过。

宋妈照样地替我们四个人打水洗澡，每个人的脸上、脖子上扑上厚厚的痱子粉，照样把弟弟和燕燕送上了床。只是她今天没有心思再唱她的打火连儿的歌儿了，光用扇子扑呀扑呀扇着他们睡了觉。一切都照常，不过她今天没有吃晚饭，把她的丈夫扔在门道儿里不理他。他呢，正用打火石打亮了火，吧嗒吧嗒地抽着旱烟袋。小驴大概饿了，它在地上卧着，忽然仰起脖子一声高叫，多么难听！黄板儿牙过去打开了一袋子干草，它看见吃的，一翻滚，站起来，小蹄子把爸爸种在花池子边的玉簪花又给踩倒了两三棵。驴子吃上干草了，鼻子一抽一抽的，大黄牙齿露着。怪不得，奶妈的丈夫像谁来着，原来是它！宋妈为什么嫁给黄板儿牙，这蠢驴！

第二天早上我起来，朝窗外看去，驴没了，地上留了一堆粪球，宋妈在打扫。她一抬头看见了我，招手叫我出去。

我跑出来，宋妈跟我说：

“英子，别乱跑，等会儿跟我出趟门，你识字，帮我找地方。”

“到哪儿去？”我很奇怪。

“到哈德门那一带去找找——”说着她又哭了，低下头去，把驴粪撮进簸箕里，眼泪掉在那上面，“找丫头子。”

“好。”我答应着。

宋妈和我偷偷出去的，妈妈哄着弟弟他们在房里玩。出了门走不久，宋妈就后悔了：

“应当把弟弟带着，他回头看不见我准得哭，他一时一刻也没离开过我呀！”

就是为了这个，宋妈才一年年留在我家的，我这时仗着胆子问：

“小栓子怎么死的？宋妈。”

“我不是跟你说过，冯村的后坡下有条河吗？”

“是呀，你说，叫小栓子放牛的时候要小心，不要尽顾得玩水。”

“他掉在水里死的时候，还不会放牛呢，原来正是你妈妈生燕燕那一年。”

“那时候黄板——嗯，你的丈夫做什么去了？”

“他说他是上地里去了，他要不是上后坡草棚里耍钱去才怪呢！准是小栓子饿了一天找他要吃的去，给他轰出来了。不是上草棚，走不到后坡的河里去。”

“还有，你的丈夫为什么要把小丫头子送给人？”

“送了人不是更松心吗？反正是个姑娘不值钱。要不是小栓子死了！丫头子，我不要也罢。现在我就不能不找回她来，要花钱就花吧。”

宋妈说，我们从绒线胡同走，穿过兵部洼、中街、西交民巷，出东交民巷就是哈德门大街。我在路上忽然又想起一句话。

“宋妈，你到我们家来，丢了两个孩子不后悔吗？”

“我是后悔——后悔早该把俺们小栓子接进城来，跟你一块儿念书认字。”

“你要找到丫头子呢，回家吗？”

“嗯。”宋妈瞎答应着，她并没有听清我的话。

我们走到西交民巷的中国银行门口，宋妈在石阶上歇下来，过路来了一个卖吃的也停在这儿。他支起木架子把一个方木盘子摆上去，然后掀开那块盖布，在用黄色的面粉做一种吃的。

“宋妈，他在做什么？”

“啊？”宋妈正看着砖地在发愣，她抬起头来看看说，“那叫驴打滚儿。把黄米面蒸熟了，包黑糖，再在绿豆粉里滚一滚，挺香，你吃不吃？”

吃的东西起名叫“驴打滚儿”，很有意思，我哪有不吃的道理！我咽咽唾沫点点头，宋妈掏出钱来给我买了两个。她又多买了几个，小心地包在手绢里，我说：

“是买给丫头子的吗？”

出了东交民巷，看见了热闹的哈德门大街了，但是往哪边走？我们站在美国同仁医院的门口。宋妈的背，汗湿透了，她提起竹布褂的两肩头抖落着，一边东看看，西看看。

“走那边吧。”她指指斜对面，那里有一排不是楼房的店铺。走过了几家，果然看见一家马车行，里面很黑暗，门口有人闲坐着。宋妈问那人说：

“跟您打听打听，有个赶马车的老大哥，跟前有一个姑娘的，在您这儿吧？”

那人很奇怪地把宋妈和我上下看了看：

“你们是哪儿的？”

“有个老乡亲托我给他带个信儿。”

那人指着旁边的小胡同说：

“在家哪，胡同底那家就是。”

宋妈很兴奋，直向那人道谢，然后她拉着我的手向胡同里走去。这是一条死胡同，走到底，是个小黑门，门虽关着，一推就开了，院子里有两三个孩子在玩土。

“劳驾，找人哪！”宋妈大声喊。

其中一个小孩子就向着屋里高声喊了好几声：

“姥姥，有人找。”

屋里出来了一位老太太，她耳朵聋，大概眼睛也快瞎了，竟没看见我们站在门口，孩子们说话她也听不见，直到他们用手指着我们，她才向门口走来。宋妈大声地喊：

“您这院里住几家子呀？”

“啊啊就一家。”老太太用手罩着耳朵才听见。

“您可有个姑娘呀？”

“有呀，你要找孩子他妈呀？”她指着三个男孩子。

宋妈摇摇头，知道完全不对头了，没等老太太说完就说：

“找错人了！”

我们从哈德门里走到哈德门外，一共看见了三家马车行，都问得人家直摇头。我们就只好照着原路又走回来，宋妈在路上一句话也不说，半天才想起什么来，对我说：

“英子，你走累了吧？咱们坐车好不？”

我摇摇头，仰头看宋妈，她用手使劲捏着两眉间的肉，闭上眼，有点站不稳，好像要昏倒的样子。她又问我：

“饿了吧？”说着就把手巾包打开，拿出一个刚才买的驴打滚儿来，上面的绿豆粉已经被黄米面溶湿了。我嘴里念了一声：“驴打滚儿！”接过来，放在嘴里。

我对宋妈说：

“我知道为什么叫驴打滚儿了，你家的驴在地上打个滚起来，屁股底下总有这么一堆。”我提起一个给她看，“像驴粪球不？”

我是想逗宋妈笑的，但是她不笑，只说：

“吃吧！”

半个月过去，宋妈说，她跑遍了北京城的马车行，也没有一点点丫头的影子。

树荫底下听不见冯村后坡上小栓子放牛的故事了，看不见宋妈手里那一双双厚鞋底了，也不请爸爸给写平安家信了。她总是把手上的银镯子转来转去地呆看着，没有一句话。

冬天又来了，黄板儿牙又来了，宋妈把他撂在下房里一整天，也不跟他说话。这是下雪的晚上，我们吃过晚饭挤在窗前看院子。宋妈把院子的电灯捻开，灯光照在白雪上，又平又亮。天空还在不断地落着雪，一层层铺上去。宋妈喂燕燕吃冻柿子，我念着国文上的那课叫作《下雪》的：

一片一片又一片，
两片三片四五片，

六片七片八九片，

飞入芦花都不见。

老师说，这是一个不会作诗的皇帝做的诗，最后一句还是他的臣子给接上去的。但是念起来很顺嘴，很好听。

妈妈在灯下做燕燕的红缎子棉袄，棉花撕得小小的、薄薄的，一层层地铺上去。妈妈说：

“把你当家的叫来，信是我请老爷偷着写的，你跟他回去吧，明年生了儿子再回这儿来。是儿不死，是财不散，小栓子和丫头子，活该命里都不归你，有什么办法！你不能打这儿起就不生养了！”

宋妈一声不言语，妈妈又问：

“你瞧怎么样？”

宋妈这才说：

“也好，我回家跟他算账去！”

爸爸和妈妈都笑了。

“这几个孩子呢？”宋妈说。

“你还怕我亏待了他们吗？”妈妈笑着说。

宋妈看着我说：

“你念书大了，可别欺侮弟弟呀！别尽给他跟你爸爸告状，他小。”

弟弟已经倒在椅子上睡着了，他现在很淘气，常常爬到桌子上翻我的书包。

宋妈把弟弟抱到床上去，她轻轻给弟弟脱鞋，怕惊醒了他。

她叹口气说："明天早上看不见我，不定怎么闹。"她又对妈妈说，"这孩子脾气犟，叫老爷别动不动就打他；燕燕这两天有点咳嗽，您还是拿鸭儿梨炖冰糖给她吃；英子的毛窝我带回去做，有人上京就给捎了来；珠珠的袜子都该补了。还有……我看我还是……唉！"宋妈的话没有说完，就不说了。

妈妈把折子拿出来，叫爸爸念着，算了许多这钱那钱给她，她毫不在乎地接过钱，数也不数，笑得很惨：

"说走就走了！"

"早点睡觉吧，明天你还得起早。"妈妈说。

宋妈打开门看看天说。

"那年个，上京来的那天也是下着鹅毛大雪，一晃儿，四年了。"

她的那件红棉袄，也早就拆了，旧棉花换了榧子儿，泡了梳头用，面子和里子给小栓子纳鞋底用了。

"妈，宋妈回去还来不来了？"我躺在床上问妈妈。

妈妈摆手叫我小声点儿，她怕我吵醒了弟弟，她轻轻地对我说：

"英子，她现在回去，也许到明年的下雪天又来了，抱着一个新的娃娃。"

"那时候她还要给我们家当奶妈吧？那您也再生一个小妹妹。"

"小孩子胡说！"妈妈摆着正经脸骂我。

"明天早上谁给我梳辫子？"我的头发又黄又短，很难梳，每天早上总是跳脚催着宋妈，她就要骂我："催惯了，赶明儿要上花轿了也这么催，多寒碜！”

“明天早点儿起来，还可以赶着让宋妈给你梳了辫子再走。”妈妈说。

天刚蒙蒙亮，我就醒了，听见窗外沙沙的声音，我忽然想起一件事，赶快起床下地跑到窗边向外看，雪停了，干树枝上挂着雪，小驴拴在树干上，它一动弹，树枝上的雪就抖搂下来，掉在驴背上。

我轻轻地穿上衣服出去，到下房找宋妈，她看我这样早起来吓一跳。我说：

“宋妈，给我梳辫子。”

她今天特别的和气，不唠叨我了。

小驴儿吃好了早点，黄板儿牙把它牵到大门口，被褥一条条地搭在驴背上，好像一张沙发椅那么厚，骑上去一定很舒服。

宋妈打点好了，她把一条毛线大围巾包住头，再在脖子上绕两绕。她跟我说：

“我不叫醒你妈了，稀饭在火上炖着呢！英子，好好念书，你是大姐，要有个大姐样儿。”说完她就盘腿坐在驴背上，那姿势真叫绝！

黄板儿牙拍了一下驴屁股，小驴儿朝前走，在厚厚的雪地上印下一个个清楚的蹄印儿。黄板儿牙在后面跟着驴跑，嘴里喊着：“嘚、嘚、嘚、嘚。”

驴脖子上套了一串小铃铛，在雪后新清的空气里，响得真好听。

爸爸的花儿落了

新建的大礼堂里，坐满了人。我们毕业生坐在前八排，我又是坐在最前一排的中间位子上。我的衣襟上有一朵粉红色的夹竹桃，是临来时妈妈从院子里摘下来给我别上的。她说：

“夹竹桃是你爸爸种的，戴着它，就像爸爸看见你上台时一样！”

爸爸病倒了，他住在医院里不能来。

昨天我去看爸爸，他的喉咙肿胀着，声音是低哑的。我告诉爸，行毕业典礼的时候，我代表全体同学领毕业证书，并且致谢词。我问爸，能不能起来，参加我的毕业典礼？六年前他参加我们学校的那次欢送毕业同学同乐会时，曾经要我好好用功，六年后也代表同学领毕业证书和致谢词。今天，“六年后”到了，我真的被选做这件事。爸爸哑着嗓子，拉起我的手笑笑说：

“我怎么能够去？”

但是我说：“爸爸，你不去，我很害怕，你在台底下，我上台说话就不发慌了。”

爸爸说：“英子，不要怕，无论什么困难的事，只要硬着头皮去做，就闯过去了。”

“那么爸不也可以硬着头皮从床上起来到我们学校去吗？”爸爸看着我，摇摇头，不说话了。他把脸转向墙那边，举起他的手，看那上面的指甲。然后，他又转过脸来叮嘱我：

“明天要早起，收拾好就到学校去，这是你在小学的最后一天了，可不能迟到！”

“我知道，爸爸。”

“没有爸爸，你更要自己管自己，并且管弟弟和妹妹，你已经大了，是不是？”

“是。”我虽然这么答应了，但是觉得爸爸讲的话很使我不舒服，自从六年前的那一次，我何曾再迟到过？

当我在一年级的时候，就有早晨赖在床上不起床的毛病。每天早晨醒来，看到阳光照到玻璃窗上，我的心里就是一阵愁：已经这么晚了，等起来，洗脸，扎辫子，换制服，再到学校去，准又是一进教室就被罚站在门边。同学们的眼光，会一个个向你投过来。我虽然很懒惰，却也知道害羞呀！所以又愁又怕，每天都是怀着恐惧的心情，奔向学校去。最糟的是，爸爸不许小孩子上学乘车的，他不管你晚不晚。有一天，下大雨，我醒来就知道不早了，因为爸爸已经在吃早点。

我听着，望着大雨，心里愁得不得了。我上学不但要晚了，而且还要被妈妈打扮得穿上肥大的夹袄（是在夏天！），和踢拖着不合脚的油鞋，举着一把大油纸伞，走向学校去！想到这么不舒服地上学，我竟有勇气赖在床上不起来了。等一下，妈妈进来了。她看我还没有起床，吓了一跳，催促着我，但是我皱紧了眉头，低声向妈哀求说：

“妈，今天晚了，我就不去上学了吧？”

妈妈就是做不了爸爸的主，当她转身出去，爸爸就进来了。他瘦瘦高高的，站在床前来，瞪着我：“怎么还不起来，快起！快起！”

“晚了！爸！”我硬着头皮说。

“晚了也得去，怎么可以逃学！起！”

一个字的命令最可怕，但是我怎么啦！居然有勇气不挪窝。

爸气极了，一把把我从床上拖起来，我的眼泪就流出来了。爸左看右看，结果从桌上抄起鸡毛掸子倒转来拿，藤鞭子在空中一抡，就发出咻咻的声音，我挨打了！爸把我从床头打到床角，从床上打到床下，外面的雨声混合着我的哭声。我哭嚎，躲避，最后还是冒着大雨上学去了。我像是一只狼狈的小狗，被宋妈抱上了洋车第一次花五大枚坐车去上学。

我坐在放下雨篷的洋车里，一边抽抽搭搭地哭着，一边撩起裤脚来检查我的伤痕。那一条条鼓起的鞭痕，是红的，而且发着热。我把裤脚向下拉了拉，遮盖住最下面的一条伤痕，我最怕被同学耻笑。

虽然迟到了，但是老师并没有罚我站，这是因为下雨天可以原谅的缘故。老师教我们先静默再读书。坐直身子，手背在身后，闭上眼睛，静静地想五分钟。老师说：“想想看，你是不是听爸妈和老师的话？昨天的功课有没有做好？今天的功课全带来了吗？早晨跟爸妈有礼貌地告别了吗？……”我听到这儿，鼻子抽搭了一下，幸好我的眼睛是闭着的，泪水不至于流出来。

正在静默的当中，我的肩头被拍了一下，急忙地睁开了眼，原来是老师站在我的位子边。他用眼神告诉我，叫我向教室的窗外看去，我猛一转头看，是爸爸那瘦高的影子！

我刚安静下来的心又害怕起来了！爸为什么追到学校来？爸爸点头示意招我出去。我看看老师，征求他的同意，老师也微笑地点点头，表示答应我出去。我走出了教室，站在爸面前。爸没说什么，打开了手中的包袱，拿出来的是我的花夹袄。他递给我，看着我穿上，又拿出两个铜板来给我。

后来怎么样了，我已经不记得，因为那是六年以前的事了。只记得，从那以后，到今天，每天早晨我都是等待着校工开大铁栅校门的学生之一。冬天的清晨站在校门前，戴着露出五个手指头的那种手套，举了一块热乎乎的烤白薯在吃着。夏天的早晨站在校门前，手里举着从花池里摘下的玉簪花，送给亲爱的韩老师，她教我跳舞。

啊！这样的早晨，一年年都过去了，今天是我最后一天在这学校里啦！“当、当、当”，钟响了，毕业典礼就要开始。看外面的天，有点阴，我忽然想，爸爸会不会忽然从床上起来，给我送来花夹袄？我又想，爸爸的病儿时才能好？妈妈今早的眼睛为什么红肿着？院里大盆的石榴和夹竹桃今年爸爸都没有给上麻渣，他因为叔叔被日本人害死，急得吐血了。到了五月节，石榴花没有开得那么红，那么大。如果秋天来了，爸还要买那样多的菊花，摆满在我们的院子里、廊檐下、客厅的花架上吗？

爸是多么喜欢花。

每天他下班回来，我们在门口等他，他把草帽推到头后面抱起弟弟，经过自来水龙头，拿起灌满了水的喷水壶，唱着歌儿走到后院来。他回家来的第一件事就是浇花。那时太阳快要下去了，院子里吹着凉爽的风，爸爸摘下一朵茉莉插到瘦鸡妹妹的头发上。陈家的伯伯对爸爸说："老林，你这样喜欢花，所以你太太生了一堆女儿！"我有四个妹妹，只有两个弟弟。我才十二岁……我为什么总想到这些呢？韩主任已经上台了，他很正经地说：

"各位同学都毕业了，就要离开上了六年的小学到中学去读书，做了中学生就不是小孩子了，当你们回到小学来看老师的时候，我一定高兴看你们都长高了，长大了……"

于是我唱了五年的骊歌，现在轮到同学们唱给我们送别："长亭外，古道边，芳草碧连天。问君此去几时来，来时莫徘徊！天之涯，地之角，知交半零落。人生难得是欢聚，唯有别离多……"

我哭了，我们毕业生都哭了。我们是多么喜欢长高了变成大人，我们又是多么怕呢！当我们回到小学来的时候，无论长得多么高，多么大，老师，你们要永远拿我当个孩子呀！做大人，常常有人要我做大人。

宋妈临回她的老家的时候说："英子，你大了，可不能跟弟弟再吵嘴！他还小。"

兰姨娘跟着那个四眼狗上马车的时候说:“英子,你大了,可不能招你妈妈生气了!”蹲在草地里的那个人说:“等到你小学毕业了,长大了,我们看海去。”

虽然,这些人都随着我的长大没有了影子了。是跟着我失去的童年一起失去了吗?

爸爸也不拿我当孩子了,他说:“英子,去把这些钱寄给在日本读书的陈叔叔。”

“爸爸!”

“不要怕,英子,你要学做许多事,将来好帮着你妈妈。你最大。”

于是他数了钱,告诉我怎样到东交民巷的正金银行去寄这笔钱,到最里面的台子上要一张寄款单,填上“金柒拾圆也”,写上日本横滨的地址,交给柜台里的小日本儿!我虽然很害怕,但是也得硬着头皮去。这是爸爸说的,无论什么困难的事,只要硬着头皮去做,就闯过去了。

“闯练,闯练,英子。”我临去时爸爸还这样叮嘱我。

我心情紧张,手里捏紧一卷钞票到银行去。等到从高台阶的正金银行出来,看着东交民巷街道中的花圃种满了蒲公英,我高兴地想:闯过来了,快回家去,告诉爸爸,并且要他明天在花池里也种满蒲公英。

快回家去!快回家去!拿着刚发下来的小学毕业文凭——红丝带子系着的白纸筒,催着自己,我好像怕赶不上什么事情似的,为什么呀?

进了家门来,静悄悄的,四个妹妹和两个弟弟都坐在院子里的小板凳上，他们在玩沙土，旁边的夹竹桃不知什么时候垂下了好几个枝子，散散落落地很不像样，是因为爸爸今年没有收拾它们——修剪、捆扎和施肥。石榴树大盆底下也有几粒没有长成的小石榴，我很生气，问妹妹们：

“是谁把爸爸的石榴摘下来的？我要告诉爸爸去！”

妹妹们惊奇地睁大了眼，她们摇摇头说：“是它们自己掉下来的。”

我捡起小青石榴。缺了一根手指头的厨子老高从外面进来了，他说：“大小姐，别说什么告诉你爸爸了，你妈妈刚从医院来了电话，叫你赶快去，你爸爸已经……”他为什么不说下去了？我忽然觉得着急起来，大声喊着说：“你说什么？老高。”

“大小姐，到了医院，好好儿劝劝你妈，这里就数你大了！就数你大了！”

瘦鸡妹妹还在抢燕燕的小玩意儿，弟弟把沙土灌进玻璃瓶里。是的，这里就数我大了，我是小小的大人。我对老高说：

“老高，我知道是什么事了，我就去医院。”我从来没有过这样的镇定，这样的安静。

我把小学毕业文凭，放到书桌的抽屉里，再出来，老高已经替我雇好了到医院的车子。走过院子，看到那垂落的夹竹桃，我默念着：

爸爸的花儿落了，我也不再是小孩子。

冬阳·童年·骆驼队

骆驼队来了，停在我家的门前。

它们排列成一长串，沉默地站着，等候人们的安排。天气又干又冷。拉骆驼的摘下了他的毡帽，秃瓢儿上冒着热气，是一股白色的烟，融入干冷的空气中。

爸爸和他讲价钱。双峰的驼背上，每匹都驮着两麻袋煤。我在想，麻袋里面是“南山高末”呢？还是“乌金墨玉”呢？我常常看见顺城街煤栈的白墙上，写着这样几个大黑字。但是拉骆驼的说，他们从门头沟来，他们和骆驼，是一步一步走来的。

另外一个拉骆驼的，在招呼骆驼们吃草料。它们把前脚一屈，屁股一撅，就跪了下来。

爸爸已经和他们讲好价钱了。人在卸煤，骆驼在吃草。

我站在骆驼的面前，看它们吃草料咀嚼的样子：那样丑的脸，那样长的牙，那样安静的态度。它们咀嚼的时候，上牙和下牙交错地磨来磨去，大鼻孔里冒着热气，白沫子沾满在胡须上。我看得呆了，自己的牙齿也动起来。

老师教给我，要学骆驼，沉得住气的动物。看它从不着急，

慢慢地走，慢慢地嚼，总会走到的，总会吃饱的。也许它天生是该慢慢的，偶然躲避车子跑两步，姿势很难看。

骆驼队伍过来时，你会知道，打头儿的那一匹，长脖子底下总会系着一个铃铛，走起来“铛、铛、铛”地响。

“为什么要一个铃铛？”我不懂的事就要问一问。

爸爸告诉我，骆驼很怕狼，因为狼会咬它们，所以人类给它们带上了铃铛，狼听见铃铛的声音，知道那是有人类在保护着，就不敢侵犯了。

我的幼小心灵中却充满了和大人不同的想法，我对爸爸说：“不是的，爸！它们软软的脚掌走在软软的沙漠上，没有一点点声音，你不是说，它们走上三天三夜都不喝一口水，只是不声不响地咀嚼着从胃里倒出来的食物吗？一定是拉骆驼的人们，耐不住那长途寂寞的旅程，所以才给骆驼带上了铃铛，增加一些行路的情趣。”

爸爸想了想，笑笑说：“也许，你的想法更美些。”

冬天快过完了，春天就要来了，太阳特别的暖和，暖得让人想把棉袄脱下来。可不是吗？骆驼也脱掉它的旧驼绒袍子啦！它的毛皮一大块一大块地从身上掉下来，垂在肚皮底下。我真想拿把剪刀替它们剪一剪，因为太不整齐了。拉骆驼的人也一样，他们身上那件反穿大羊皮，也都脱下来了，搭在骆驼背的峰上。麻袋空了，“乌金墨玉”都卖了，铃铛在轻松的步伐里响得更清脆。

夏天来了，再不见骆驼的影子，我又问妈：

“夏天它们到哪里去？”

“谁？”

“骆驼呀！”

妈妈回答不上来了，她说：“总是问，总是问，你这孩子！”

夏天过去，秋天过去，冬天又来了，骆驼队又来了，但是童年却一去不还。冬阳底下学骆驼咀嚼的傻事，我也不会再做了。可是，我是多么想念童年住在北京城南的那些景色和人物啊！我对自己说，把它们写下来吧，让现实的童年过去，心灵的童年永存下来。

就这样，我写了一本《城南旧事》。

我默默地想，慢慢地写。看见冬阳下的骆驼队走过来，听见缓慢悦耳的铃声，童年重临于我的心头。

贰

忆城南，谈旧事

我默默地想，慢慢地写。
看见冬阳下的骆驼队走过来，
听见缓慢悦耳的铃声，
童年重临于我的心头。

窃读记

转过街角，看见三阳春的冲天招牌，闻见炒菜的香味，听见锅勺敲打的声音，我松了一口气，放慢了脚步。下课从学校急急赶到这里，身上已经汗涔涔的，总算到达目的地——目的可不是三阳春，而是紧邻它的一家书店。

我乘着慢步给脑子一个思索的机会：“昨天读到什么地方了？那女孩不知最后嫁给谁？那本书放在哪里？左角第三排……”走到三阳春的门口，便可以看见书店里仍像往日那样地挤满了顾客，我可以安心了。但是我又担忧那本书会不会卖光了？因为一连几天都看见有人买，昨天好像只剩下一两本了。

我跨进书店门，暗喜没人注意，我踮起脚尖，使矮小的身体挨蹭过别的顾客和书柜的夹缝，从大人的腋下钻过去，哟，把短发弄乱了，没关系，我到底挤到里边来了。在一片花绿封面的排列队里，我的眼睛过于急忙地寻找，反而看不到那本书的所在，从头来，再数一遍，啊！它在这里，原来不是在昨天那位置了。

我庆幸它居然没有被卖出去，仍四平八稳地躺在书架上，专候我的光临。我多么高兴，又多么渴望地伸手去拿，但和我的手同时抵达的，还有一只巨掌，五个手指大大地分开来，压住了那本书的整个：

“你到底买不买？”

声音不算小，惊动了其他顾客，全部回过头来，面向着我。我像一个被捉到的小偷，羞惭而尴尬，涨红了脸。我抬起头，难堪地望着他——那书店的老板，他威风凛凛地俯视着我。店是他的，他有全部的理由用这种声气对待我。我用几乎要哭出来的声音，悲愤地反抗了一句：

“看看都不行吗？”——其实我的声音是多么软弱无力！

在众目睽睽之下，我几乎是狼狈地跨出了店门，脚跟后面紧跟着是老板的冷笑：“不是一回了！”不是一回了？那口气对我还算是宽容的，仿佛我是一个不可以再原谅的惯贼。但我是偷窃了什么吗？我不过是一个无力购买，而又渴望读到那本书的穷学生！

曾经有一天，我偶然走过书店的窗前，窗里刚好摆了几本慕名很久而无缘一读的名著，欲望推动着我，不由得走进书店，想打听一下它的价钱。也许是我太矮小了，不引人注意，竟没有人过来招呼，我就随便翻开一本摆在长桌上的书，慢慢读下去，读了一会儿仍没有人理会，而书中的故事已使我全神贯注，舍不得放下了。直到好大工夫，才过来一位店员，我赶忙合起书来递给他看，像煞有介事地问他价钱，我明知道，任何便宜的价钱对于我都是枉然的，我绝没有多余的钱去买。

但是自此以后，我得了一条不费一文读书的门径，下课后急忙赶到这条“文化街”，这里书店林立，使我有更多的机会。

一页、两页，我如饥饿的瘦狼，贪婪地吞读下去，我很快乐，也惧怕这种窃读的滋味！有时一本书我要分别到几家书店去读完，比如当我觉得当时的环境已不适宜我再在这家书店站下去的话，我便要知趣地放下书，若无其事地走出去，然后再走入另一家。

我希望到顾客正多着的书店，就是因为那样可以把矮小的我挤进去，而不致被人注意。偶然进来看看闲书的人虽然很多，但是像我这样常常光顾而从不买一本的，实在没有。因此我要把自己隐藏起来，真是像个小偷似的。有时我贴在一个大人的身边，仿佛我是与他同来的小妹妹或者女儿。

最令人开心的还是下雨天，感谢雨水的灌溉，越是倾盆大雨我越高兴，因为那时我便有充足的理由在书店待下去。好像躲雨人偶然避雨到人家的屋檐下，你总不好意思赶走吧？我有时还要装着皱起眉头不时望着街心，好像说：“这雨，害得我回不去了。”其实，我的心里是怎样高兴地喊着：“再大些！再大些！”

但我也不是个读书能够废寝忘食的人，当三阳春正上座，飘来一阵阵炒菜香时，我也饿得饥肠辘辘，那时我也不免要做个白日梦：如果袋中有很多钱该多么好！到三阳春吃碗热热的排骨大面，回来这里已经有人给摆上一张弹簧沙发，坐上去舒舒服服地接着看。我的腿真够酸了，交替着用一条腿支持另一条，有时忘形地撅着屁股依赖在书柜旁，以求暂时的休息。明明知道回家还有一段路程要走，可是求知的欲望这么迫切，使我舍不得放弃任何可捉住的窃读机会。

为了解决肚子的饥饿，我又想出一个好办法，临来时买上两个铜板（两个铜板或许有）的花生米放在制服口袋里。当智慧之田丰收，而胃袋求救的时候，我便从口袋里掏出花生米来救急。要注意的是花生皮必须留在口袋里，回到家把口袋翻过来，细碎的花生皮便像雪花般飞落下来。但在这次屈辱之后，我的小心灵的确受了创伤，我的因贫苦而引起的自卑感再次地犯发，而且产生了对人类的仇恨。

有一次刚好读到一首真像为我而写的小诗时，更增加了我的悲愤，那小诗是一个外国女诗人的手笔，我曾抄录下来，贴在床前，伤心地一遍遍读着，小诗说：

我看见一个眼睛充满热烈希望的小孩，
在书摊上翻开一本书来，
读时好似想一口气念完。
开书摊的人看见这样，
我看见他很快地向小孩招呼：
“你从来没有买过书，
所以请你不要在这里看书。”
小孩慢慢地踱着叹口气，
他真希望自己从来没有认过字母，
他就不会看这老东西的书了。
穷人有好多苦痛，

富的永远没有尝过。
我不久又看见一个小孩，
他脸上老是有菜色，
那天最少是没有吃过东西……
他对着酒店的冻肉用眼睛去享受。
我想着这个小孩的情形必定更苦，
这么饿着，想着，这样一个便士也没有。
对着烹得精美的好肉空望，
他免不了希望他生来没有学会吃东西。

我不再去书店，许多次我经过文化街都狠心咬牙地走过去。但一次、两次，我下意识地走向那条熟悉的街，终于有一天，求知的欲望迫使我再度地停下来，我仍愿一试，因为一本新书的出版广告，我从报上知道好多天了。

我再施惯技，又把自己藏在书店的一角。当我翻开第一页时，心中不禁轻轻呼道："啊！终于和你相见！"这是一本畅销的书，那么厚厚的一册，拿在手里，看在眼里，都够分量！受了前次的教训，我更小心地不敢贪懒，多串几家书店更妥当些，免得再遭遇到前次的难堪。

每次从书店出来，我都像喝醉了酒似的，脑子被书中的人物所扰，踉踉跄跄，走路失去控制的能力。"明天早些来，可以全部看完了。"我告诉自己。想到明天仍可以占有书店的一角时，被快乐激动得忘形之躯，便险些撞到树干上去。

可是第二天走过几家书店都看不见那本书时，像在手中正看得起劲的书被人抢去一样，我暗暗焦急，并且诅咒地想：皆因没有钱，我不能占有读书的全部快乐，世上有钱的人这样多，他们把书买光了。

我惨淡无神地提着书包，抱着绝望的心情走进最末一家书店，昨天在这里看书时，已经剩下最后的一册，可不是，看见书架上那本书的位置换了另外的书，心整个沉了下来。

正在这时，一个耳朵架着铅笔的店员走了过来，看那样子是来招呼我的（我多么怕受人招待！），我慌忙把眼睛送上了书架，装作没看见。但是一本书触着我的胳膊，轻轻地送到我的面前：

“请看吧，我多留了一天没有卖。”

啊，我接过书害羞得不知应当如何对他表示我的感激，他却若无其事地走开了。冲动的情感，使我的眼光久久不能集中在书本的黑字上。

当书店里的日光灯忽地亮了起来，我才觉出站在这里读了两个钟点了。我合上最后一页——咽了一口唾沫，好像所有的智慧都被我吞食下去了。然后抬头找寻那耳朵上架着铅笔的人，好交还他这本书。在远远的柜台旁，他向我轻轻地点点头，表示他已经知道我看完了，我默默地把书放回书架上。

我低着头走出去，黑色多皱的布裙被风吹开来，像一把支不开的破伞，可是我浑身都松快了。摸摸口袋里是一包忘记吃的花生米，我拿一粒花生送进嘴里，忽然想起有一次语文老师鼓励我们用功的话：

“记住，你是吃饭长大，也是读书长大的！”

但是今天我发现这句话还不够用，它应当这么说：

“记住，你是吃饭长大，读书长大，也是在爱里长大的！”

我的童玩

我的“小脚儿娘”

老九霞的鞋盒里，住着我心爱的“小脚儿娘”，正在静静地等着她的游伴——李莲芳的“小脚儿娘”。

夏日午后，院子里的榆树上，唧鸟儿（蝉）拉长了一声声“唧——唧——”的长鸣。虽然声音很响亮，但是因为单调，并不吵人，反而是妈妈带着小弟弟、小妹妹在这有韵律的声音中，安然地睡着午觉。只有我一个人，在兴奋地等着李莲芳的到来——我们要玩小脚儿娘。

一放暑假，我就又做了几个新的小脚儿娘。一根洋火棍，几块小小的碎花布做成的小脚儿娘，不知道为什么给我那么大的快乐。

老九霞的鞋盒，是小脚儿娘的家；鞋盒里的隔间、家具，也都是我用丹凤牌的洋火盒堆隔成的。如果是床，上面就有我自己做的枕和被；如果是桌子，上面也有我剪的一块白布钩了花边的桌巾。总之，这个小脚儿娘的家，一切都是照我

的理想和兴趣，最要紧的，这是以我艺术的眼光做成的。

最让人兴奋的是，中午吃饭的时候，我准备了一个用厚纸折成的菜盒，放在坐凳我屁股旁边。等爸爸一吃完饭放下筷子离开饭桌时，我的菜盒就上了桌。我夹了炒豆芽儿、肉丝炒榨菜、白切肉等，装满一盒子。当然，宋妈会在旁边瞪着我。不管那些了，牙签也带上几根，好当筷子用。

李莲芳抱着她的鞋盒来了。我们在阴凉的北屋套间里，展开了我们两家的来往。掀开了两个鞋盒，各拿出自己的小脚儿娘来。我用手捏着只有一条裤管脚和露出鞋尖的小脚儿娘，哆哆哆地走向李莲芳的鞋盒去，然后就是开门、让座、喝茶、吃东西、聊闲天儿。事实上，这一切都是我俩在说话、在喝茶、在吃中午留下来的菜。说的都是大人说的话，趣味无穷。因为在这一时刻，我们变成了家庭主妇，一个家的主妇，可以主动、可以发挥，最重要的是不受制于大人。

从六岁到六十岁

旧时女孩的自制玩具和游戏项目，几乎都是和她们学习女红、练习家事有关联的。所谓寓教育于游戏，正可以这么说。但这不是学校的教育课程，而是在旧时家庭中自然形成的。

我五岁自台湾随父母去北平，童年是在大陆北方成长的，已经是十足北方女孩子气了。我愿意从记忆中找出我童年的游乐，我的玩具和一去不回的生活。

昨天，为了给《汉声》写这篇东西，和做些实际的玩具，我跑到沅陵街去买丝线和小珠子，就像童年到北平绒线胡同的瑞玉兴去挑买丝线一样。但是想要在台北买到缠粽子用的丝绒线是不可能的了。我只好买些粗的丝线，和穿孔较大的小珠子，因为当年六岁的我，和现在六十岁的我，眼力的使用是不一样啊！

用丝线缠粽子，是旧时北方小姑娘用女红材料做的有季节性的玩具。先用硬纸做一个粽子形，然后用各色丝绒线缠绕下去。配色最使我快乐，我随心所欲地配各种颜色。粽子缠好后，下面做上穗子，也许穿上几颗珠子，全凭自己的安排。缠粽子是在端午节前很多天就开始了，到了端午节早已做好，有的送人，有的自己留着挂吊起来。同时做的还有香包，用小块红布剪成葫芦形、菱形、方形，缝成小包，里面装些香料。串起来加一个小小的粽子，挂在右襟纽绊上，走来走去，美不唧唧的。除了缠粽子以外，也还把丝绒线缠在卫生球（樟脑丸）上。总之，都成了艺术品了。

珠子，也是女孩子喜欢玩的自制玩物，它兼有女性学习做装饰品。我用记忆中的穿珠法，穿了一副指环、耳环、手环，就算是我六岁的作品吧！

挝子儿

北方的天气，四季分明。孩子们的游戏，也略有季节的和室内外的分别。当然大部分动态的在室外，静态的在室内。

女孩子以女红兼游戏是在室内多，但也有动作的游戏，是在室内举行的，那就是“挝子儿”。

挝子儿的用具有多种，白果、桃核、布袋、玻璃球，都可以。但玩起来，它们的感觉不一样。白果和桃核，其硬度、弹性差不多。布袋里装的是绿豆，不是圆形固体，不能滚动，所以玩法也略有不同。玻璃球又硬、又滑，还可以跳起来，所以可以多一种玩法。

单数（五或七粒）的子儿，一把撒在桌上，桌上铺了一层织得平整的宽围巾，柔软适度。然后拿出一粒，扔上空，手随着就赶快拣上一颗，再扔一次，再拣一颗，把七颗都拣完，再撒一次，这次是同时拣两颗，再拣三颗的，最后拣全部的。这个全套做完是一个单元，做不完就输了。

女性的手比较巧于运用，当然是和幼年的游戏动作很有关系。记得读外国杂志说，有的外科医生学女人用两根针织毛线，就是为了练习手指运用的灵巧。

挝子儿，冬日玩得多，因为是在室内桌上。记得冬日在小学读书时，到了下课十分钟，男生抢着跑出教室外面野，女生赶快拿出毛线围巾铺在课桌上，挝起子儿来。

为了收集这些玩具给《汉声》，我买来一些白果，试着玩玩。结果是扔上一颗白果，老花眼和略有颤抖的手，不能很准确地同时去拣桌上的和接住空中落下来的了。很悲哀呢！

除了挝子儿，在桌上玩的，还有“弹铁蚕豆儿”。顾名思义，蚕豆名铁，是极干极硬的一种。没吃以前，先用它玩一阵吧，一把撒在桌上，在两粒之中用小指立着划过去，然后捏住大拇指和食指，大拇指放出，以其中的一粒弹另外一粒，不许碰到别的。弹好，就可以拣起一粒算胜的，再接着做下去，看看能不能把全有的都弹光算赢了。

跳绳和踢毽子

这两项游戏虽是至今存在，不分地方和季节的，但是玩具就有不同。跳绳，当然基本是麻绳，后来有童子军绳和台湾的橡皮筋。我最喜欢的，却是小时候用竹笔管穿的跳绳。放了学到琉璃厂西门一家制笔作坊，去买做笔切下约寸长的剩余竹管，其粗细是我们用写中楷字的笔。很便宜的买一大包回来，用白线绳一个个穿成一条丈长的绳。这种绳子，无论打在硬土地上、砖地上，都会发出清脆的竹管声，在游戏中也兼听悦耳的声音。

跳双绳颇不易，有韵律，快速。但是在跳绳中拣铜子儿，也不简单。把一叠铜子儿放在地上（绳子落地碰不到的地方），每跳一下，低头弯腰下去拣起一个铜子儿，看你赶不赶得上又要跳第二下？又跳，又弯腰，又伸手捡钱，虽不是激烈运动，却是全身都动的运动呢！

踢毽子是自古以来的中国游戏，这玩具羽毛是基础，但是底下的托子却因时代而不同了。在我幼年时，虽然币制已经用铜板为硬币，但是遗留下来的制钱，还有很多用处，做毽子的底托，就是最好的。方孔洞，穿过一根皮带，

把羽毛捆起来，就是毽子了。

自己做毽子，也是有趣的事。用色纸剪了当羽毛，秋天的大朵菊花当羽毛，都是毽子。而记忆中有一种为儿童初步学踢毽子的，叫“踢制钱儿”，两枚制钱用红头绳穿起来，刚好是小孩子的手持到脚的长度即可。小孩子提着它，一踢一踢的，制钱打着布鞋帮子，倒也很顺利。

踢毽子到学习花样儿的时候，有一个歌可以念、踢，照歌词动作：“一个毽儿，踢两瓣儿。打花鼓，绕花线儿。里踢，外拐。八仙，过海。九十九，一百。”

念完，刚好踢十下，但是踢到第五下以后，就都是“特技”了！

活玩意儿

小姑娘和年幼的男孩，到了春天养蚕，也可以算“玩”的一种吧！到了春天，孩子们来索求去年甩在纸上的蚕卵，眼看着它出了黑点，并且动着，渐渐变白，变大。于是开始找桑叶，洗桑叶，擦干，撕成小块喂蚕吃。要吐丝了，用墨盒盖，包上纸，把几条蚕放上去，让它吐丝，仔细铲除蚕屎。吐够了做成墨盒里泡墨汁用的芯子，用它写毛笔字时，心中也很亲切，因为整个的过程，都是自己做的。

最意想不到的，北平住家的孩子，还有玩“吊死鬼儿”的。吊死鬼儿，是槐树虫的别名，到了夏季，大槐树上的虫子像蚕一样，一根丝，从树上吊下来，一条条的，浅绿色。我们有时拿一个空瓶，一双筷子，就到树下去一条条地夹下来放进瓶里，待夹了满满一瓶，看它们在瓶里蠕动，是很肉麻的，但不知为什么不怕。玩够了怎么处理，现在已经忘了。

雨后院子白墙上，爬着一个浅灰色的小蜗牛，它爬过的地方，因为黏液的经过，而变成一条银亮的白线路了。你要拿下来，谁知轻轻一碰，蜗牛敏感的触角就会缩回到壳里，掉落到地上，不出来了。这时，我们就会拉出了声音唱念着：

"水牛儿——水牛儿，先出犄角后出头。你妈——你爹，给你买烧饼羊肉吃呀！……"

又在春天的市声中，有卖金鱼和蝌蚪的，蝌蚪北平人俗叫"蛤蟆骨朵儿"。花含苞未开时叫"骨朵儿"，此言青蛙尚未长成之意。北平人活吞蝌蚪，认为清火。小孩子也常在卖金鱼挑子上买些蝌蚪来养，以为可以变成青蛙，其实玻璃瓶中养蝌蚪，是从来没有变成过青蛙的，但是玩活东西，总是很有意思的。

剪纸的日子

一张张四四方方彩色的电光纸，对折，对折，再对折，小小的剪子在上面运转自如地剪起各种花样。剪好了，打开来，心中真是高兴，又是一张创作，图案真美，自己欣赏好一阵子，夹在一本爸爸的厚厚的洋书里。

剪纸，并不是小学里的剪贴课，而是北方小姑娘的艺术生活之一。有时我们几个小女孩各拿了自己的一堆色纸，凑在一起剪，互相欣赏，十分心悦。

等到长大些，如果家中有了喜庆之事，像爷爷的生日，哥哥娶嫂子，到处都要贴寿字、双喜字，我们就抢不及地帮着剪，这时有创意的艺术字，就可以出现了。

在胡同里长大

欣赏喜乐的六十多幅画北平的彩色图片，一面细读这一篇篇有趣的散文，也就一阵阵勾起我的第二故乡之思。尤其在这些画片中，很多是画到胡同风光的，使我这自小在“胡同”里长大的人，不由得看着看着图片，就回到椿树上二条、新帘子胡同、西交民巷、梁家园、南柳巷和永光寺街这些我住过的胡同里去——在北平的二十六年里，从五岁到三十一岁，我只住过两次大街，那就是虎坊桥大街和南长街。在北平一年四季的生活，在胡同里穿出穿进的，何止是《春天的胡同》（喜乐给小民画插图的书名）。北平是个四季分明的地方，不像台湾这样四季常绿，记得我的母亲生前曾讲她第一次到北平的笑话，到北平去时是二月，树还没发芽，都是干树枝子，我的母亲竟土里土气地说：“怎么北京的树都死光啦！”

在干树枝上，可以很清楚地看见鸟巢，或者下大雪的日子，满树银白，一碰，雪花抖落下来，冰凉的掉在你的后脖里，小孩子都会又惊奇又高兴地缩着脖子吱吱叫。

冬夜的胡同里，可以听见几种叫卖声，卖半空儿花生的，卖萝卜赛梨的，卖炸豆腐开锅的。开门出去，买个叫作“心里美”

的萝卜，在一盏小灯下，看卖萝卜的挑出一个绿皮红瓤的，听他用小刀劈开萝卜的清脆声，就让你满心高兴。北平俗话说："吃萝卜就热茶，气得大夫满街爬！"在一炉红火上，开水壶冒气嗡嗡地响了，吃着半空儿花生或萝卜，喝着热茶，外面也许是北风怒吼，屋里却是和谐温暖，这种情况，北平老乡都曾经历过、体验过。

夏日的胡同，最记得黄昏时光，太阳落山热气散了，孩子们放学回家。有时放了学的哥姊，要照顾小弟弟小妹妹，就大大小小地推开街门到胡同里玩。黄昏里的胡同风光，我记忆最深刻的是卖晚香玉的。把晚香玉穿成一个个花篮，再配上几朵小红花，挂在一根竹竿上，串胡同叫卖。买花的多是家庭妇女，买一只晚香玉花篮，挂在卧室里，满室生香。最使孩子们兴奋的，是"唱话匣子"的过来了，他背负着一个大喇叭，提着胜利牌俗名"话匣子"的手摇留声机，那时有几家有自备唱机的呢，所以这种租听留声机的行业，就盛行于我的幼年。唱片中，以平剧、地方戏为多，开头说着"高亭公司特请梅兰芳老板唱《贵妃醉酒》"等语。兼也有歌曲，但最教人兴奋的，是他送听一曲《洋人大笑》的唱片。那张唱片，从头到尾是洋人大笑，哈哈哈，嘻嘻嘻，呵呵呵，各种笑声，听的人当然也跟着大笑。这张唱片，相信许多人都听过。

胡同里虽然时有叫卖声，但是一点儿也不吵人，而且北平的叫卖声，各有其抑扬顿挫，现在回想起来，非常好听。比如夏日卖甜瓜的过来了，他撂下挑子，站在那儿，准备好了，就仰起头来，一手自耳朵后捂着，音乐般地喊着："哎——卖哎好吃得哎——苹果青的脆甜瓜咧——"他为什么半捂着耳朵，是为了当喊出去的时候，也可以收听自己的叫喊声是否够味儿吧！上午在胡同里出现的，有卖菜的，卖花的，换绿盆儿的，换取灯儿的，送水的，倒土的，掏茅房的……都是每天胡同生活的情景。

说起"换取灯儿的"，使我回忆起那些背着篓筐，举步蹒跚的老妇人。她们是每天可以在胡同里看见、听见的人物之一。冬日里，她们头上戴着一个绒布或绒线帽子，手上套着露出手指的手套，来到胡同，就高喊着："换洋取灯儿咧！换榧勒子儿啊！"

"取灯儿"就是火柴，"洋取灯儿"还是火柴，只因这玩意儿的形式是外来的，所以后来加个"洋"字。那时的洋取灯儿，多为红头儿的丹凤牌，盒外贴着砂纸，一擦就迸出火星。"榧子儿"（"勒"是我加诸形容她的叫卖声）是像桂圆核一样的一种植物的实，砸碎它泡在水里，浸出黏液，凝滞如胶，是旧时妇女梳好头后搽抹的，也就是今日妇女做发后的"喷发胶"。而榧子儿液，反而不像今日发胶是有毒的化学制品，浸入头皮里有危险。无论你家搬到哪条胡同，都会有不同的"换取灯儿的"妇人，穿梭于胡同里。

"换取灯儿的"老妇人，大概只有一个命运最好的。很小就听说，那就是四大名旦尚小云的母亲，是"换取灯儿的"出身。有一年，尚小云的母亲死了，出殡时沿途有许多人看热闹，我们住在附近（当时我家住在南柳巷），得见这位老妇人的死后哀荣。在舞台上婀娜多姿的尚小云，重孝服上是一个连片胡子脸（旧时孝子在居丧六十天里不能刮胡子）。胡同里的人都指点着说，那是一个怎样的孝子，并且说死者是一个怎样出身的有后福的老太太。

在三十年代的小说里，也有一篇描写一个“换取灯儿的”妇人的恋爱故事，那就是许地山（落华生）所写的短篇小说《春桃》，是我记忆深刻，而且非常欣赏的小说，它感人至深。主角“春桃”是一个很可爱的不识字的旧女子。《春桃》一开头儿，就描写的是北平的胡同景色：

> 这年的夏天分外的热，街上的灯虽然亮了，胡同口那卖酸梅汤的还像唱梨花鼓的姑娘要着他的铜碗。一个背着一大篓字纸的妇人从他面前走过，在破草帽底下虽看不清她的脸，当她与卖酸梅汤的打招呼时，却可以理会她有满口雪白的牙齿。她背上担负得很重，甚至不能把腰挺直，只如骆驼一样，庄严地一步一步踱到自己门口。

再说到北平的交通工具，穿梭于大街上、胡同里的，也多是洋车；洋车就是人力车，这个“洋”是代表东洋日本，因为它最早是从日本传入的。洋车在胡同出入，不会碰到在胡同玩耍的孩子，跑得慢嘛！北平因为是方方正正的城，如果偶有斜巷，就会取名斜街，如杨梅竹斜街、王广福斜街、东斜街、西斜街、上斜街、下斜街、白米斜街……所以拉洋车的如果要转弯，就叫："东去！""西去！"而不是像现在所说："左转！""右转！"要下车叫停，也是吩咐"路南到了""路北下车"等语。

喜乐所画的胡同风光，是画的典型当年北平胡同和谐生活的真实情景。胡同里不管是大宅门儿、小住家儿，生活得都很安静，因为北平人的生活，步调一向不快。胡同里的宅墙，该修该补该见新的，也都年年做，所以虽属小门户，在胡同里看下去，也是整整齐齐的。

城墙·天桥·四合院儿

三宗宝

大阪对于我不是个陌生的地方，因为七十五年前，我出生在大阪，跟大家可以认同乡呢？何况大家又都研究汉文，研究北京，都是京味儿同志呢！贵会藤井荣三郎委员第一次写信邀请我，曾很欣赏我编的北京三宗宝：“城墙、天桥、四合院儿；骆驼祥子满街跑！”其实这不是真的北京三宗宝，实在是我个人编的，是我对北京的重要印象。

说到三宗宝，这是中国北方对于某地特产的一种语言文化。大家也许听说过一些，我先举一个保定府的三宗宝：

铁球，酱菜，春不老。

保定府是河北省县名，是旧河北省省府，在天津市的西南，和北京、天津是接近的三个地方。今天的保定府的三宗宝，我带来了一宗，就是这一对铁球。为何铁球是宝呢？难道别的地方没有？大家请看、请听：这球是钢制的，男人揉之活血脉。听，摇揉起来有叮当之声，因为里面有小钢球，但球是空心的，小钢球是如何焊入的？这就是它的巧妙，也只有保定府才会制作。其他两样，保定府的酱菜特别好吃，腌制不同吧。春不老则是一种青菜，像雪里蕻一样的。

另外，东北的三宗宝则是：

人参，貂皮，乌拉草。

人参大家都知道是补品，最贵重的产在吉林；貂皮则是兽皮，现在是属环保动物，可不能随便杀取啦；乌拉草是冬日制鞋的一种草，穷人穿着又便宜又取暖，而貂皮则是有钱人穿着的贵重的皮裘。

至于说到北京的三宗宝，藤井先生所欣赏我编的，那么北京到底有没有真的三宗宝呢？可说没有，也可说有，我后面再说。那么我自编的北京城三宗宝：“城墙、天桥、四合院儿；骆驼祥子满街跑。”又是什么意思呢！那是我心中的三宗宝，并非自来就有的，可是现在都没有了。北京城和万里长城，是世界闻名的古迹，全世界没地方找，当初拆的时候，曾有不同的意见，看，就连意大利的不少古迹，已经成了废墟了，还都亮在那儿，供人凭吊，保留不毁，古迹嘛！虽说拆了可以改建更进步的城市。我之所以伤心，只是我自幼对它们的感情，很伤心，不是反对，而是感性的罢了！天桥，它原是老百姓的一个娱乐去处。清廷皇帝住在皇宫里，自有他们的娱乐生活，但是皇帝住在宫内，每年却要到天坛祈年殿等处去祭天、祈求。平民区的所在地是必经之路，皇帝不能不过，却不能过，所以就以汉白玉造一个拱形的桥，专为皇帝走；皇帝称天子，天子所走之桥故称天桥。民国后桥拆了，变成名存实亡的“天桥”，今日的天桥反而是代表平民的、民俗的了。

我今天又带来了三张北京地图，我们大家来欣赏北京城百年来的古今地理环境。一张是清末民初的“京城内外首善全图”，一张是“七七事变”前的《北平全图》，一张是沦陷后的《北京城区地图》。我借此略谈一谈北京的四合院：四合院是中国有名的居住建筑形态；它的大原则是四面房子，中间包着一个院子，所以叫四合院。当然，它也不是那么简单，北京的四合院，有千百种样式，中国房屋构造是以北为上的，所以一进大门是一溜南房，然后进了二道门，里面的三面北、东、西。北房俗称上房，一向是主人房；东、西为厢房。四面还有跨院，院里有小房间，当作堆房、厨房、佣人房。北房里面两边还有耳房，是主人储藏衣物等用的。专讲四合院的房屋构造，就一时讲不完。

我以前在北京，自家住四合院，也见过许多四合院；讲究的大都在北城，是当年的王府住宅，院子里铺着方油砖，院子四角有四棵树，房子分数进；每一进又是一个四合院。有一个形容大宅第生活的对子说：

天棚、鱼缸、石榴树，
老师、肥狗、胖丫头。

到了夏天，富户在院子搭起天棚遮阳，院中摆着大金鱼缸，屏风前面是几盆石榴；家中请了教席教孩子，养着肥狗，连供使唤的婢女都吃得胖胖的。这是怎样的一副富家生活情景啊！

穷人也有他们的四合院，住了很多户，所以美其名叫“大杂院”，住户大多是劳动阶级：小贩、唱戏的、拉洋车的、贫户等。大杂院也有其情趣的一面，许多作家都曾以大杂院的形形色色写成小说，其中不乏动人的故事。

大杂院的住家，一家只租一两间房，那里没有厨房，所以他们的厨房，就设在房檐下，摆一个煤球炉子，冬日移到屋里，还可以取暖，也是很温暖、很有人情味的。可是现在的四合院，都破破烂烂的了。

至于“骆驼祥子”，是北京早期的交通工具的代词了，它是源自老舍先生。《骆驼祥子》是老舍的名著，老舍的作品这一生都是以北京为背景，老舍夫人胡絜青女士就曾在一本书的开头说：

> 老舍和北京分不开，没有北京，就没有老舍。老舍生在北京，长在北京，死在北京，他的一切都属于北京，老舍写了一辈子北京。……

我打小成长在北京，对北京的交通工具很熟悉，尤其对北京人称“洋车”的人力车，至于为什么又说“骆驼祥子”，因为老舍的这本名著中，外号叫“骆驼祥子”的洋车夫，有个很动人的故事，所以我说它是人力车的代号了。

我粗粗地把我印象深刻的北京的事务，编成“三宗宝”，博大家一笑，也是我对北京的感情。好了，那么你们还是问，别处都有三宗宝，北京到底有没有？有，说出来大家一定很奇怪，它是：

北京城三宗宝：人情、势力、脑袋好！

这三宗宝不是物质的，而是精神的。怎么北京城是这三宗宝呢？我忘记这是我从哪儿得来的，我认为它更具代表性，是以北京人的一般人性做代表。北京做了八百年的皇都，人人都懂得人情，势力又聪明。不知大家以为然否？我觉得它比我编的三宗宝有力量多了。

红嘴绿鹦哥——谈吃的

前面“什不溜七”的（杂乱之意），我读了不少由北京发展出来的“三宗宝”，该换换口味了，说说吃的吧。说吃的，我先说一段早先西太后逃难的故事。

西太后逃难的时候，一路没得吃，可苦了随侍的太监们，有一天到了乡下，摆不出一百零八种菜样儿来，便问乡下人有什么可吃的，那儿只有豆腐、菠菜。好吧，御厨就以这两样西太后从未沾过嘴唇的东西做了一样菜，西太后吃到嘴边，嗯！不错嘛！便问起这是什么菜？御厨无以回答，其实是一个煎豆腐炒菠菜，便随口说："老佛爷，这道菜是金镶白玉板，红嘴绿鹦哥。"煎豆腐两面会焦黄色，而春天的菠菜，叶绿，梗子是洋红色，所以这么说了，因为皇宫中的菜名都得高贵好听。西太后听了吃了非常满意。

我现在要跟大家谈的，可不是什么贵族讲究菜，北京做了八百年皇都，有所谓五大名菜：烤鸭、烤肉、涮肉、谭家菜、宫廷菜。我不打算说，也不会说，我要从民间的家常菜说起。记得我的二女儿夏祖丽曾在一篇文章里回忆说："我很想念我母亲的小炒。"所谓小炒，就是我们说的家常菜。因此它不是五大名菜，更不是各省的餐馆菜，如川菜、湘菜、江浙菜、广东菜、山西菜等，而是北京一般家庭主妇每天做的家常菜，也就是小炒。怪不得我女儿想它，我也喜欢我母亲的小炒哪！

北方人是以面食为主的餐饮习惯，这里所谓的家常菜，一方面是下饭吃，一方面是就面如大饼、馒头吃的。我们由四季谈起吧！北京是在华北大平原的西北端，是属于温带大陆性季风的气候，四季分明，4—5 月是春季，干旱少雨，多风沙天；6—9 月是夏季，也是北京的雨季；9—10 月是天高气爽的秋季，也是北京最佳的旅游季节，满山红叶，秋意醉人。10 月底到次年 3 月是冬季，到零下十二度，降雪天。像这样的一年四季，在饮食中应当怎么说呢？3—4 月是干树枝的冬季过去了，吃熬白菜、火锅的日子过去了，现在是春天，植物发芽，地下种的蔬菜都发芽冒出来了，我很记得胡同里一车一车推着菠菜、大葱都出现了。家常菜本来是一样一样的炒菜，如炒韭黄、炒菠菜、炒豆芽。北京人炒菜用的肉类一年四季最主要的是猪肉，而猪肉是讲究切猪肉丝，放鸡蛋或豆干丝，都是非常好吃下饭的。北京人的餐饮，对于切的功夫很注意，所配炒的菜色，如果是韭黄、豆干，肉就要切丝；如果炒青豆，那么肉要切丁，豆腐干也切丁；如果菜色是笋片，那么猪肉、豆干都要切片。还有的菜如萝卜、黄瓜、茭白、茄子，是切成滚刀块的，它也都有各种的艺术味道，可不是乱切乱割一阵的。北京所有的主妇，不但会炒菜，也很会切菜。

到了夏季，煮一锅绿豆稀饭，烙一些薄饼，配合了家常菜，就是一顿非常合口的餐食。夏季也是吃瓜果的季节，所以饭桌上常是凉拌的菜，如拍黄瓜拌粉皮，加入蒜末、芥末。再切些咸菜丝，就馒头吃，就是夏季最可口的饭食了。而且普通人家，常把矮桌摆在院子树荫底下，吃着说着，别提多快乐了。

到了秋天，北京人喜欢把在这一夏天所失去的脂肪找回来，有个名词就是“贴秋膘”，是吃些荤菜，也就是我们现在常说的“打牙祭”。这种荤饮食，就是要在牛、羊肉的身上找，这时张家口外的羊，开始进到北京了。有名的回族馆子，东来顺、西来顺（现在还有南来顺了）、烤肉宛、烤肉季，都开始了，馆子门口贴着大红纸的“爆、烤、涮”字样，令人垂涎不已（我就是）。爆，涮，家庭可以吃，但是烤肉是要特别的装置，烤肉炙子就不是一般家庭所能装置的了。吃爆、烤、涮仍是配以面食为主，就烧饼、大饼吃。吃这些，蔬菜方面，少不得大白菜、酸白菜、大葱、香菜、大蒜等。

我只能粗粗地讲一讲北平的家常菜而已，至于饺子、馅饼、锅贴我也就不多讲了。北京还有些风味小吃，种类也不少，它们多是清廷传入民间的小吃，也可说是属于点心类吧，如肉末夹烧饼、小窝窝头、豌豆黄、芸豆卷、甑儿糕等。这差不多都是皇家传入民间的，但小窝窝头可不是民间吃的大窝头，大窝头是棒子面做的，小窝头则是很细的小米面做的。

民间传统的小吃，则有炒肝、灌肠、艾窝窝、驴打滚儿、散子麻花、萨其马、豆腐脑儿……花样很多，我一时也说不完。

我今天就说到这儿打住。无论是民俗、饮食，我都说得很草率，请大家原谅，也希望大家努力再进“京味儿”的门槛儿，下次还有机会，我们也许一同到北京去举行“老舍研究会”吧！

访母校·忆儿时

我的小学母校在北京，地址在和平门外厂甸，简称厂甸师大附小。北京的师范大学，有附属中学和附属小学，在同一区域，是文化古都北京有名的校区。我第一次返第二故乡北京，访母校附小是一九九〇年五月的事。一群夏家的子侄陪我一道去，因为他们也都是附小毕业的，就连他们的子女，现在也都在附小读书，是一家三代的母校了。

校园还是老样子，从校门进去，是环抱两条斜坡的路，因为校园比大街高出许多。上了坡，眼前显现的是广大校园前部，一年级的教室仍在左手边！脑海里立刻浮现出下雨天我上课迟到，爸爸给我送衣服来的情景，那已经是六十多年前的事了。前方对面望去，有一排房子，当年是专为男生上课的劳作教室。旁边还有两个窗口的房子，是排队买早点的地方。

我记得那时我的门牙掉了，吃起东西来抿着嘴，吃烧饼麻花也一样，又难看又不舒服。北京的小孩子掉了门牙，大人见了常会开玩笑说："吃切糕不给钱，卖切糕的把你门牙摘啦？"切糕是一种用黄糯米粉和红枣、芸豆、白糖蒸出来的糕，像我们台湾的萝卜糕一样大，人人都爱吃。

从校园向右往里走，经过二年级教室、花圃，穿过大礼堂、音乐教室，豁然一亮，就到了大操场和右手一排依旧是临街墙的老楼房教室，操场也还和从前一样，有滑梯、秋千、转塔等。想到我那时从前面的一、二年级升到后面的三、四年级，升高长大，心中好不得意。转塔、秋千、滑梯是我的“最爱”！

进到楼房廊下，看见一间教室的外墙上，钉着一个牌子，上面横写着三行字：

邓颖超同志
一九二〇年至一九二一年
曾在此教室任教

看起来很亲切，可见他们对邓颖超女士的敬重。她是周恩来同志的夫人，一对模范夫妇，他们生活简朴，一向喜爱收养抚育孤儿，非常有爱心，所以受人敬重。前些时（七月十一日）邓女士以八十八岁高龄于久病后故去，我们也一样地悼念她。

校园没有变动，这栋楼房也是我在三、四年级上了两年课的地方。上下课的时候，钟声一响，群生奔向楼梯，木板被踩得咚咚响，我现在还好像听到吵人的声音。

校园的最后面，也就是楼房的右边，原有一排矮屋，是缝纫教室和图书室，但是现在却没有，许是太陈旧矮小被拆除了吧！但是我在这儿却有着难忘的生活。女生到了三年级就要到这间教室学针线。这屋里有两张长桌和一排靠墙的玻璃橱，橱里摆着我们的成绩——钩边的手绢、蒲包式婴儿鞋、十字刺绣等等。教室的另一头是图书室，书架上是《小朋友》《儿童世界》杂志，居然还有很多商务印书馆出版的林纾、魏易用浅近的文言所翻译的世界名著，像《基督山恩仇记》《二孤女》《块肉余生记》《劫后英雄传》等等，我都囫囵吞枣地读过，可见得当我白话文还没学好的时候，已经先读文言的世界名著了，奇怪不奇怪！

在后面绕了一圈，又回到前院去，到我二年级的教室前拍了一照，因为它仍是当年我上课的教室，没有变动。我忽想起我上二年级的糗事，算术开始学乘法，我怎么也不会进位，被班主任王老师用藤教鞭打了几下手心，到今天还觉得羞愧脸热。

今天走到这儿，拍了照，我忽然对晚辈讲起这些糗事，并且笑说："是不是我也可以在教室挂一个牌子，上面写：林海音同学一九二五年至一九二六年曾在此教室挨揍。"子侄们听了大笑！

五、六年级的教室，就在二年级教室的东面。我们升入六年级的第一天，下午下课前，新班主任李尚之老师，指定几个男同学，要他们下了课留在教室，先不要回家。大家疑心重重，不知道是什么事要他们留下来，打扫教室？挂贴画表？功课不好需要补习？

有一些好事的同学便也留下来不回家，躲到离教室远远的角落看动静。

第二天，你们猜是怎么回事？

好事听动静的同学告诉我们了。原来昨天教室门关起来以后，只听见李老师叫那几个男同学一字排列，严词厉色地说，他知道他们几个人在五年级时是班上闹得最不像话、又不用功的学生——五年级的钱老师是个老秀才，是好人，但是管不住学生，我就是从钱老师班升上来的，所以我知道，现在到了李老师班上，李老师说到这儿便拿起了藤教鞭，“咻！咻！”两下子，接着说：“到了我这班上，可没这么便宜！”便接着在每人身上抽了几下，几个出名的坏学生，便闪呀躲呀的，可也躲不及，只好乖乖地各挨了一顿揍。

“你们怎么知道？不是教室门关紧了吗？”我们女同学问。

“趴在门窗缝看见、听见了呀！”淘气的男同学扮着鬼脸说。

“也欠揍！”我也不客气地撇嘴对男生说。

小学的最后一年，在李尚之老师的教导下，我们成了优秀生和模范班。矮矮胖胖、皮肤黝黑的李老师，是河北省人（当时的附小的老师几乎都是河北省人），他虽严厉，但教课讲解仔细，也爱护我们，我们实实在在的受益不少。这一年中也有不少学生（男生最多）挨了揍，但是我们不觉得有什么不妥当，和现在有的老师拿打人出气是截然不同的。

我在附小记忆中的老师像教舞蹈体育的韩荔媛老师、教缝纫的郑老师、二年级班主任王老师、五年级班主任钱老师（他的名字是钱贯一，反过来念就是“一贯钱”啦！）都是一生难忘的。

我们附小的年级主任是韩道之先生，他是韩荔媛老师的父亲。记得上三年级的时候，有一天他召集全校女生到大礼堂去听他训话，他发表谈话说，我们身体发肤受之父母，所以不可毁伤的伦理观念，劝大家不要随时髦剪掉辫子。因为那时正是新文化运动，西洋的各种风气东来，一股热潮，不但文化、衣着、生活上的种种习俗都改变了，剪辫子留短发也是女学生（甚至我母亲那样的旧式家庭妇女）的新潮流，韩主任的一番大道理，谁听得下去，过不久还不是十个女生有九个剪掉黄毛小辫儿，都成了短发齐耳了。我当然也是。

前面我说过，我们的缝纫教室也是学校图书室，我喜欢看书架上的杂志《小朋友》和《儿童世界》。《小朋友》是中华书局出的，《儿童世界》是商务印书馆出的。《小朋友》的创办人有一位是黎锦晖先生，他对中国的音乐教育大有贡献，我们是中国新文化开始后第一代接受西洋式的新教育，音乐、体育、美术，都是新的，我们小学生，几乎人人都学的是黎先生编剧作曲的歌剧，像《麻雀与小孩》《小小画家》《葡萄仙子》《可怜的秋香》《月明之夜》，哪一个不是小朋友们所喜欢、所唱过的？他办的《小朋友》杂志是周刊，每到星期六，我就等着爸爸从邮局（他在北京的邮局工作）提早把《小朋友》带回来。上面我爱看“鳄鱼家庭”，还有王人路（他是电影明星王人美的哥哥）的翻译作品。记得有一期登了一篇小说，说是一个王子慈善心肠，他走在路上很小心，低头看见地上有蚂蚁就踮着脚尖走，不愿踩到蚂蚁，这给我的印象很深，我虽然是任意走路的人，但是真的低头看见蚂蚁，也会不由得躲开走呢！这都是受了《小朋友》上小说的影响吧！

等我长大了，进了中学，当然更喜欢阅读新文艺作品和翻译的西洋作品，《小朋友》就不知道什么时候从我的读书生活中消失了。

今年的暮春五月，我们一群儿童文学工作者到上海、北京、天津去和大陆上的同好者开会，热闹极了，亲热极了。我在会场上认识了许多人，重要的是在上海的会中，桂文亚给我介绍了今年八十六岁的陈伯吹老先生，他一生至今都是从事儿童文学工作，写作、编辑或教书。他虽是快九十岁的人了，但健康的气色、红润的肤色、亲切的谈吐，都使人有沐浴春风的感觉。大家都很敬重他，我也一样，给他拍了照片。

这时台北的陈木城过来了，他说："来，林先生和七十岁的《小朋友》合拍一张。"原来他拿来的是一本《小朋友》创刊七十周年纪念本，全书彩色，虽然只有薄薄的二十四页，但七十岁可是个长寿呀！算起来这位"小朋友"还比我小，我们都这么健康，我虽然这么大岁数，也没有失掉孩子气，我愿意像陈伯吹先生一样，一生都要分出时间来为孩子们不断地写！

老北京的生活

去年五月北京之行，见到侄子祖煃，他马上递过来这本1990年新出版的“老”书。我说它老，是因为这三十三万言的新书，其内容可是三四十年代的旧文章，而且说的是比三四十年代更老的老北京的生活。拿起来先扫瞄一番，使我倍觉亲切。尤其里面插图都是线条素描，又简单又写实，无论人或物，都在那几笔特写中见其真实。这是侄子在书刚出版时，就特为叔婶买的。

本书的作者是金受申，我和何凡都很知道的一位专写掌故、民俗的老北京作者。我想在台湾的老北京一定对作者金受申也不陌生。这本书是专写老北京习俗、掌故、风物集辑而成。我记得早年在北京看见过他，是位瘦瘦穿着长袍的人。本书内记载他的简历是1906—1968，终年不过六十二岁，在这年头儿看起来，去世似嫌早了点儿。

金受申先生原都是在各报刊拉杂写有关北京的民俗、掌故等小文章，后来在1938年，《立言画刊》（周刊）的创办人金达志请他为该刊写一专栏题名《北京通》，他欣然允诺。专栏一开，他一口气就写了两百多篇，这岂是一般作家所能做到的？原来金受申是满族人，生于清末，所以他能凭记忆、观察、研究，把个清末民初的生活种种写得淋漓尽致。更为一般人所做不到的是他所写各篇，内容不但实在、有趣，而且每事的来历都纪实道来，不是胡诌的，他自己也曾为文说：

> ……北京的风俗物事，一事有一事的趣味，一事有一事的来历，小小的一个玩物也有很深微长远的历史。我写《北京通》的目的，并不是炫曝我如何通，只是想用一种趣味化的文字，描写北京的实际状，我的目标是记实，我的手段是勤问、勤记。记这类旧事，一方面给过来人一种系恋，一方面把过去的北京风俗，前人所未记载，不见文人笔墨的事故，记下来保存。

我所以特把金受申这段话摘录下来，就是觉得他的做法给今日的采访记事者看看，也还有其意义，现在，有多少人能有这种认真的态度呢！本书的篇章是写在三四十年代，可是直等到他 1968 年过世，又过了二十一年的 1989 年，文史资料研究委员会才感觉其对研究北京的历史和民俗的重要，而整理了这批珍贵的史料，编辑出版。距离他写作开始的 1938 年，已有半个世纪了。这半个世纪，北京的生活有没有改变？改变了多少？我翻阅这本书，给我很大的兴趣和感受。

书中可以说整个写的是民间生活，我看看篇题，倒也都知道，无论四季生活、婚丧礼俗、吃喝玩乐、百业杂陈，以及下层社会剪影等，我虽未身临体验，却是看过听说过。尤其看那一百五十六幅插图，每一幅都说明了它的真实性，这些图也是不可抹灭的资产，因为你如叫现在一代的人（即使是在北京的画家），恐怕也画不出来。他不但不可能用记忆来画，就是找那实际的物件和人物举动姿势，也无法传神。许多我看了都会引起我的回忆和会心微笑。

例如《大酒缸》，这个北京特有的生活形态（可不是台北的酒廊啊），我时常在街巷道旁干货店的柜台旁一角看见。北京的干货店大都是山西人经营，这店旁一角的大酒缸，可真是有一个桌子大的大酒缸，上面盖着大圆木盖，就算是桌面。三两好友，或者独自个儿，坐在桌旁饮起酒来。酒壶是锡质的，桌上摆着就酒的小碟中，无非是花生米、拌白菜、煮毛豆之类现成的。据说这里只供应“白干儿”酒（高粱酒也）。应时的酒菜比如黄花鱼、醉蟹、鲜藕等也应时准备，但都是冷食而非现炒的，因为它不是餐馆。但是店铺门外两旁，则一定有些推车摊子等的寄生营业，专现做热菜，如爆炒牛羊肉、炖黄花鱼等。但是要知道，下大酒缸都是“老爷们儿”的生活，女人可没有下大酒缸的。或曰那么你林海音怎么知道这么多？我是从小整天上学上街都看见，听也听说过，而且金受申这篇两千多字的文章更是写得详细有趣。

我又记起一事，那就是当我在北平世新读书时，校址在西四丰盛胡同，那里有一个横胡同口，就有一家杂货店里有大酒缸，而那对面两旁还有羊肉床子、水果、烧饼等所谓寄生营业店铺。我们同学常常在下课后到这儿来买刚出炉的热

烧饼，夹上刚烧好的烧羊肉，然后就一杯冰凉的酸梅汤，旁边则是几个大男人围坐着在大酒缸旁饮酒哪！所以我一掀开《大酒缸》这页，一眼看见素描图，就别提多么眼熟亲切了。

作者的勤记、勤问，使他的这本四百多页、二百篇文、一百五六十幅插画，都是那么认真仔细的散文记述。可惜的是书成他却早已看不见，只留给后人无限的思念和欣赏。更重要的是他所留下的，是无价的民俗生活记录的财产。

写至此，我忽又随手找出一本存书，那是在台湾的一位写京剧和北平事务的作者陈鸿年的著作《故都风物》。这本书也是在作者去世（1965 年）后的 1970 年由正中书局出版，书中也列了二百多篇故都风物，但他写的不如金受申之详尽，这恐怕是独身居台湾，勤记则有，勤问则就没那么方便吧！有许多篇两人都写到同一事物，对照着看，颇是有趣。但两人都太早过世，令人惋惜不已，按说这种作家也该算是我们国家的国宝级啊！

北平漫笔

秋的气味

秋天来了，很自然地想起那条街——西单牌楼。

无论从哪个方向来，到了西单牌楼，秋天，黄昏，先闻见的是街上的气味。炒栗子的香味弥漫在繁盛的行人群中，赶快朝那熟悉的地方看去，和兰号的伙计正在门前炒栗子。和兰号是卖西点的，炒栗子也并不出名，但是因为它在街的转角上，就不由得就近去买。

来一斤吧！热栗子刚炒出来，要等一等，倒在箩中筛去裹糖汁的沙子。在等待称包的时候，另有一种清香的味儿从身边飘过，原来眼前街角摆的几个水果摊子上，啊！枣、葡萄、海棠、柿子、梨、石榴……全都上市了。香味多半是梨和葡萄散发出来的。沙营的葡萄，黄而透明，一撅两截，水都不流，所以有“冰糖包”的外号。京白梨，细而嫩，一点儿渣儿都没有。“鸭儿广”柔软得赛豆腐。枣是最普通的水果，郎家园是最出名的产地，于是无枣不郎家园了。老虎眼、葫芦枣、酸枣，各有各的形状和味道。“喝了蜜的柿子”要等到冬季，秋天上市的是青皮的脆柿子，脆柿子要高桩儿的才更甜。海棠红着半个脸，石榴笑得露出一排粉红色的牙齿。这些都是秋之果。

抱着一包热栗子和一些水果，从西单向宣武门走去，想着回到家里，在窗前的方桌上，就着暮色中的一点光亮，家人围坐着剥食这些好吃的东西的快乐，脚步不由得加快了。身后响起了当当的电车声，五路车快到宣武门的终点了。过了绒线胡同，空气中又传来了烤肉的香味，是安儿胡同口儿上，那间低矮窄狭的烤肉宛上人了。

门前挂着清真的记号，他们是北平许多著名的回教馆中的一个，秋天开始，北平就是回教馆子的天下了。矮而胖的老五，在案子上切牛羊肉，他的哥哥老大，在门口招呼座儿，他的两个身体健康眼睛明亮、充分表现出回教青年精神的儿子，在一旁帮着和学习着剔肉和切肉的技术。炙子上烟雾弥漫，使原来就不明的灯更暗了些，但是在这间低矮、烟雾的小屋里，却另有一股温暖而亲切的感觉，使人很想进去，站在炙子边举起那两根大筷子。

老五是公平的，所以给人格外亲切的感觉。他原来只开一间包子铺，供卖附近居民和路过的劳动者一些羊肉包子。渐渐地，烤肉出了名，但他并不因此改变对主顾的态度。比如说，他们只有两个炙子，总共也不过能围上一二十人，但是一到黄昏，一批批的客人来了，坐也没地方坐，一时也轮不上吃，老五会告诉客人，再等二十几位，或者三十几位，那么客人就会到西单牌楼去绕个弯儿，再回来就差不多了。

没有登记簿，他们却是丝毫不差地记住了前来后到的次序。没有争先，不可能插队，一切听凭老大的安排，他并没有因为来客是坐汽车的或是拉洋车的，而有什么区别，这就是他的公平和亲切。

一边手里切肉一边嘴里算账，是老五的本事，也是艺术。一碗肉，一碟葱，一条黄瓜，他都一一唱着钱数加上去，没有虚报，价钱公道。在那里，房子虽然狭小，却吃得舒服。老五的笑容并不多，但他给你的是诚朴的感觉，在那儿不会有吃得惹气这种事发生。

秋天在北方的故都，足以代表季节变换的气味的，就是牛羊肉的膻和炒栗子的香了！

男人之禁地

很少——简直没有——看见有男人到那种店铺去买东西的。做的是妇女的生意，可是店里的伙计全是男人。

小孩的时候，随着母亲去的是前门外煤市街的那家，离六必居不远，冲天的招牌，写着大大的“花汉冲”的字样，名是香粉店，卖的除了妇女化妆品以外，还有全部女红所需用品。

母亲去了，无非是买这些东西：玻璃盖方盒的月中桂香粉，天蓝色瓶子广生行双妹嚜的雪花膏（我一直记着这个不明字义的“嚜”字，后来才知道它是译英文商标Mark的广东造字），猪胰子（通常是买给宋妈用的）。到了冬天，就会买几个瓯子油（以蛤蜊壳为容器的油膏），分给孩子们每人一个，有着玩具和化妆品两重意义。此外，母亲还要买一些女红用的东西：十字绣线、绒鞋面、钩针等。这些东西男人怎么会去买呢？

母亲不会用两根竹针织毛线，但是她很会用钩针织。她织得最多的是毛线鞋，冬天给我们织墨盒套。绣十字布也是她的拿手活儿，照着那复杂而美丽的十字花样本，数着细小的格子，一针针，一排排地绣下去。有一阵子，家里的枕头套，妈妈的钱袋，妹妹的围嘴儿，全是用十字布绣花的。

随母亲到香粉店的时期过去了，紧接着是自己也去了。女孩子总是离不开绣花线吧！小学三年级，就有缝纫课了。记得当时男生是在一间工作室里上手工课，耍的不是锯子就是锉子；女生是到后面图书室里上缝纫课，第一次用绣线学“拉锁”，红绣线把一块白布拉得抽抽皱皱的，后来我们学做婴儿的蒲包鞋，钉上亮片，滚上细绦子，这些都要到像花汉冲这类的店去买。

花汉冲在女学生的眼里，是嫌老派了些，我们是到绒线胡同的瑞玉兴去买。瑞玉兴是西南城出名的绒线店，三间门面的楼，它的东西摩登些。

我一直是女红的喜爱者，这也许和母亲有关系，她那些书本夹了各色丝线。端午节用丝线缠的粽子，毛线钩的各种鞋帽，使得我浸湎于精巧、色彩、种种缝纫之美里，所以养成了家事中偏爱女红甚于其他的习惯。

在瑞玉兴选择绣线是一种快乐。粗粗的日本绣线最惹人喜爱，不一定要用它，但喜欢买两支带回去。也喜欢选购一些花样儿，用誊写纸描在白府绸上，满心要绣一对枕头给自己用，但是五屉柜的抽屉里，总有半途而废的未完成的杰作。手工的制品，不是一朝一夕可以完成的，从一堆碎布、一卷纠缠不清的绣线里，也可以看出一个女孩子有没有恒心和耐性吧！我就是那种没有恒心和耐性的。每一件女红做出来，总是有缺点，比如毛衣的肩头织肥了，枕头的四角缝斜了，手套一大一小，十字布的格子数错了行，对不上花，抽纱的手绢只完成了三面，等等。

但是瑞玉兴却是个难忘的店铺，想到为了配某种颜色的丝线，伙计耐心地从楼上搬来了许多小竹帘卷的丝线，以供挑选，虽然只花两角钱买一小支，他们也会把客人送到门口，那才是没处找的耐心哪！

换取灯儿的

“换洋取灯儿啊！”

“换榧子儿呀！”

很多年来，这是个熟悉的叫唤声，它不一定是出自某一个人，叫唤声也各有不同，每天清晨在胡同里，可以看见一个穿着褴褛的老妇，背着一个筐子，举步蹒跚。冬天的情景，尤其记得清楚，她头上戴着一顶不合体的、不知从哪儿捡来的毛线帽子，手上戴着露出手指头的手套，寒风吹得她流出了一些清鼻涕。生活看来是很艰苦的。

是的，她们原是不必工作就可以食廪粟的人，今天清室没有了，一切荣华优渥的日子都像梦一样永远永远地去了，留下来的是面对着现实的生活！

像换洋取灯的老妇，可以说还是勇于以自己的劳力换取生活的人，她不必费很大的力气和本钱，只要每天早晨背着一个空筐子以及一些火柴、榧子儿、刨花就够了，然后她沿着小胡同这样地叫唤着。

家里的废物：烂纸、破布条、旧鞋……一切可以扔到垃圾堆里的东西，都归宋妈收起来，所以从“换洋取灯儿的”换来的东西也都归宋妈。

一堆烂纸破布，就是宋妈和换洋取灯儿的老妇争执的焦点，甚至连一盒火柴、十颗榧子的生意都讲不成也说不定呢！

丹凤牌的火柴，红头儿，盒外贴着砂纸，一擦就迸出火星，一盒也就值一个铜子儿。榧子儿是像桂圆核儿一样的一种植物的实，砸碎它，泡在水里，浸出黏液，凝滞如胶。刨花是薄木片，作用和榧子儿一样，都是旧式妇女梳头时用的，等于今天妇女做发后的“喷胶水”。

这是一笔小而又小的生意，换人家里的最破最烂的小东西，来取得自己最低的生活，王孙没落，可以想见。

而归宋妈的那几颗榧子儿呢，她也当宝贝一样，家里的烂纸如果多了，她也会攒了更多的洋火和榧子儿，洋火让人捎回乡下她的家里。榧子儿装在一只妹妹的洋袜子里（另一只一定是破得不能再缝了，换了榧子儿）。

宋妈是个干净利落的人，她每天早晨起来把头梳得又光又亮，抹上了泡好的刨花或榧子儿，胶住了，做一天事也不会散落下来。

火柴的名字，那古老的城里，很多很多年来，都是被称作“洋取灯儿”，好像到了今天，我都没有改过口来。

“换洋取灯儿的”老妇人，大概只有一个命运最好的，很小就听说，四大名旦尚小云的母亲是“换洋取灯儿的”。有一年，尚小云的母亲死了，出殡时沿途许多人围观，我们住在附近，得见这位老妇人的死后哀荣。在舞台上婀娜多姿的尚小云，丧服上是一个连片胡子的脸，街上的人都指点着说，那是一个怎样的孝子，并且说那死者是一个怎样出身的有福的老太太。

在小说里，也读过唯有的一篇描写一个这样女人的恋爱故事，记得是许地山写的《春桃》，希望我没有记错。

看华表

不知为什么，每次经过天安门前的华表时，从来不肯放过它，总要看一看。如果正挤在电车（记得吧，三路和五路都打这里经过）里经过，也要从人缝里向车窗外追着看；坐着洋车经过，更要仰起头来，转着脖子，远看，近看，回头看，一直到看不见为止。

假使是在华表前的石板路上散步（多么平坦、宽大、洁净的石板），到了华表前，一定会放慢了步子，流连鉴赏。从华表的下面向上望去，便体会到“一柱擎天”的伟观。啊！

无云的碧空，衬着雕琢细致、比例匀称的白玉石的华表，正是自然美和人工美的伟大的结合。它的背后衬的是朱红色的天安门的墙，这一幅图，布局的美丽，颜色的鲜明，印在脑中，是不会消失的。

有趣的是，夏天的黄昏，华表下面的石座上，成为纳凉人的最理想的地方。石座光滑洁净，坐上去，想必是凉森森的十分舒服。地方高敞，赏鉴过往漂亮的男女（许多是去游附近的中山公园），像在体育场的贵宾席上一样。华表旁，有一排马缨花，它的甜香随着清风扑鼻而来，更是一种享受。

我爱看华表，和它的所在地也很有关系，因为天安门不但是北平（北京）的市中心，而且正是通往东西南城的要衢。往返东西城时，到了天安门就会感觉到离目的地不远了。往南去前门，正好从华表左面不远转向公安街去。庄严美丽的华表站在这里，正像是一座里程碑，它告诉你，无论到什么地方，都不远了。

说它是里程碑，也许不算错，古时的华表，原是木制的，它又名表木，是以表王者纳谏，亦以表识衢路，正是一个有意义的象征啊！

蓝布褂儿

竹布褂儿，黑裙子，北平的女学生。

一位在南方生长的画家，有一年初次到北平。住了几天之后，他说，在上海住了这许多年，画了这许多年，他不喜欢一切蓝颜色的布。但是这次到了北平，竟一下子改变了他的看法，蓝色的布是那么可爱，北平满街骑车的女学生，穿了各种蓝色的制服，是那么可爱！

刚一上中学时，最高兴的是换上了中学女生的制服，夏天的竹布褂，是月白色——极浅极浅的蓝，烫得平平整整；下面是一条短齐膝盖头的印度绸的黑裙子，长筒麻纱袜子，配上一双刷得一干二净的篮球鞋。用的不是手提的书包，而是把一叠书用一条捆书带捆起来。短头发，斜分，少的一边撩在耳朵后，多的一边让它半垂在鬓边，快盖住半只眼睛了。三五成群，或骑车或走路。哪条街上有个女子中学，那条街就显得活泼和快乐，那是女学生的青春气息烘托出来的。

北平女学生冬天穿长棉袍，外面要罩一件蓝布大褂，这回是深蓝色。谁穿新大褂每人要过来打三下，这是规矩。但是那洗得起了白碴儿的旧衣服也很好，因为它们是老伙伴，穿着也合身。记得要上体育课的日子吗？棉袍下面露出半截白色剔绒的长运动裤来，实在是很难看，但是因为人人这么穿，也就不觉得丑了。

阴丹士林布出世以后，女学生更是如狂地喜爱它。阴丹士林本是人造染料的一种名称，原有各种颜色，但是人们嘴里常常说的“阴丹士林色”多指的是青蓝色。它的颜色比其他布更为鲜亮，穿一件阴丹士林大褂，令人觉得特别干净、平整。比深蓝浅些的“毛蓝”色，我最喜欢，夏秋或春夏之交，总是穿这个颜色的。

事实上，蓝布是淳朴的北方服装特色。在北平住的人，不分年龄、性别、职业、阶级，一年四季每人都有几件蓝布服装。爷爷穿着缎面的灰鼠皮袍，外面罩着蓝布大褂；妈妈的绸里绸面的丝棉袍外面，罩的是蓝布大褂；店铺柜台里的掌柜的，穿的布棉袍外面，罩的也是蓝布大褂，头上还扣着瓜皮小帽；教授穿的蓝布大褂的大襟上，多插了一支自来水笔，头上是藏青色法国小帽，学术气氛！

阴丹士林布做成的衣服，洗几次之后，缝线就变成很明显的白色了，那是因为阴丹士林布不褪色而线褪色的缘故。这可以证明衣料确是阴丹士林布，但却不知为什么一直没有阴丹士林线，忽然想起守着窗前方桌上缝衣服的大姑娘来了。一次订婚失败而终身未嫁的大姑娘，便给人缝衣服，靠微薄的收入，养活自己和母亲。我们家姊妹多，到了秋深添制衣服的时候，妈妈总是买来大量的阴丹士林布，宋妈和妈妈两人做不来，总要叫我去把大姑娘找来。到了大姑娘家，大姑娘正守着窗儿缝衣服，她的老妈妈驼着背，咳嗽着，在屋里的小煤球炉上烙饼呢！

大姑娘到了我家里，总要待一下午，妈妈和她商量裁剪，因为孩子们是一年年地长高了。然后她抱着一大包裁好了的衣服回去赶做。

那年离开北平经过上海，住在婀的家里等船。有一天上街买东西，我习惯地穿着蓝布大褂，但是她却教我换一件呢旗袍，因为穿了蓝布大褂上街买东西，会受店员歧视。在“只认衣裳不认人的”洋场，“自取其辱”是没人同情的啊！

排队的小演员

听复兴剧校叶复润的戏，身旁有人告诉我，当年富连成科班里也找不出一个像叶复润这样小年纪，便有这样成就的小老生。听说叶复润只有十四足岁，但无论是唱功还是做派，都超越了一般“小孩戏剧家”的成绩。但是在那一群孩子里，他却显得特别瘦弱、娇小。固然唱老生的外形要“清癯”才有味道，但是对于一个正在发育期的小孩子，毕竟是不健康的。剧校当局是不是注意到每一个发育期的孩子的健康呢？

这使我不由得想起当年家住在虎坊桥大街上的情景。

虎坊桥大街是南城一条重要的大街，尤其在迁都南京前的北京，它更是通往许多繁荣地区的必经之路。幼年幸运地曾在这条街上住了几年，也是家里最热闹的时期。这条大街上有小学、会馆、理发馆、药铺、棺材铺、印书馆，还有个造就了无数平剧人才的富连成科班。

富连成只在我家对面再往西几步的一个大门里。每天晚饭前后的时候，他们要到前门外的广和楼去唱戏。坐科的孩子按高矮排队，领头儿的是位最高的大师兄，他是个唱花脸的，头上剃着月亮门儿。夏天，他们都穿着月白竹布大褂儿，老肥老肥的，袖子大概要比手长出半尺多。天冷加上件黑马褂儿，仍然是老肥老肥的，袖子比手长出半尺多！

他们出了大门向东走几步，就该穿过马路，而正好就经过我家门前。看起来，一个个是呆板的、迟钝的、麻木的，谁又想到他们到了台上就能演出那样灵活、美丽、勇武的角色呢！

那时的富连成在广和楼演出，这是一家女性不能进去的戏院，而我那时跟着大人们听戏的区域是城南游艺园，或者开明戏院、第一舞台。很早就对于富连成有印象，实在是看他们每天由我家门前经过的关系。等到后来富连成风靡了北平的男女学生，我也不免想到，在那一队我幼年所见到的可怜的孩子群里，不就有李盛藻吗？刘盛莲吗？杨盛春吗？

富连成是以严厉出名的，但是等到以新式学校制度的戏曲学校出现以后，富连成虽仍以旧式教育出名，但是有些地方也不能不改进了。戏曲学校用大汽车接送学生到戏院以后，富连成的排队步行也就不复再见。否则的话，学生戏迷们岂不要每天跟着他们的队伍到戏院去？

而我们那时也搬离虎坊桥，城南游艺园成了屠宰场，我们听戏的区域也转移到哈尔飞、吉祥，以及长安和新新等戏院了。

陈谷子、烂芝麻

如姐来了电话，她笑说："怎么，又写北平哪！陈谷子、烂芝麻全掏出来啦！连换洋取灯儿的都写呀！除了我，别人看吗？"

我漫写北平，是因为多么想念她，写一写我对那地方的情感，情感发泄在格子稿纸上，苦思的心情就会好些。它不是写要负责的考据或掌故，因此我敢"大胆地假设"。比如我说花汉冲在煤市街，就有细心的读者给了我“小心地求证”，他画了一张地图，红蓝分明地指示给我说，花汉冲是在煤市街隔一条街的珠宝市，并且画了花汉冲的左邻谦祥益布店，右邻九华金店。如姐，谁说没有读者呢？不过读者并不是欣赏我的小文，而是借此也勾起他们的乡思罢了！

很巧的，我向一位老先生请教一些北平的事情时，他回信来说：“……早知道这些陈谷子、烂芝麻是有用的话，那咱们多带几本这一类的图书，该是多么好呢？”

原来我所写的，数来数去，全是陈谷子、烂芝麻呀！但是我是多么喜欢这些呢！

陈谷子、烂芝麻，是北平人说话的形容语汇，比如闲话家常，提起早年旧事，最后总不免要说：“唉！左不是陈谷子、烂芝麻！”言其陈旧和琐碎。

真正北平味道的谈话，加入一些现成的形容语汇，非常合适和俏皮，这是北平话除了发音正确以外的另一个特点，我最喜欢听。想象那形容的巧妙，真是可爱。这种形容语汇，很多是用“歇后语”说出来，但是像“陈谷子、烂芝麻”便是直接的形容语，不用歇后语的。

做事故意拖延迟滞，北平人用“蹭棱子”来形容，蹭是摩擦，棱是物之棱角。比如妈妈嘱咐孩子去做一件事，孩子不愿意去，却不明说，只是拖延，妈妈看出来了，就可以责备说：“你倒是去不去？别在这儿尽跟我蹭棱子！”

或者做事痛快的某甲对某乙说：“要去咱们就痛痛快快儿地去，我可不喜欢蹭棱子！”

听一个说话没有条理的人述说一件事的时候，他反复地说来说去时，便想起这句北平话：

“车轱辘话——来回地说。”

轱辘是车轮。那车轮压来压去，地上显出重复的痕迹，一个人说话翻来覆去，不正是那个样子吗？但是它也运用在形容一个人在某甲和某乙间说一件事，口气反复不明。如：“您瞧，他跟您那么说，跟我可这么说！反正车轱辘话，来回说吧！”

负债很多的人，北平人喜欢这样形容：“我该了一屁股两肋的债呀！”

我每逢听到这样形容时，便想象那人债务缠身的痛苦和他焦急的样子。一屁股两肋，不知会说俏皮话儿的北平人是怎么琢磨出来的，而为什么这样形容时，就会使人想到债务之多呢？

文津街

常自夸说，在北平，我闭着眼都能走回家，其实，手边没有一张北平市区图，有些原来熟悉的街道和胡同，竟也连不起来了。只是走过那些街道所引起的情绪，却是不容易忘记的。就说，冬日雪后初晴，路过驾在北海和中海的金鳌玉蝀桥吧，看雪盖满在桥两边的冰面上，一片白，闪着太阳的微微的金光，漪澜堂到五龙亭的冰面上，正有人穿着冰鞋滑过去，飘逸优美的姿态，年轻同伴的朝气和快乐，觉得虽在冬日，也因这幅雪漫冰面的风景，不由得引发起我活跃的心情，赶快回家去，取了冰鞋也来滑一会儿！

在北平的市街里，很喜欢傍着旧紫禁城一带的地方，蔚蓝晴朗的天空下，看朱红的墙；因为唯有在这一带才看得见。家住在南长街的几年，出门时无论是要到东、西、南、北城去，都会看见这样朱红的墙。要到东北的方向去，洋车就会经过北长街转向东去，到了文津街了，故宫的后门，对着景山的前门，是一条皇宫的街，总是静静的，没有车马喧哗，引发起的是思古之幽情。

景山俗称煤山，是在神武门外旧宫城的背面，很少有人到这里来逛，人们都拥到附近的北海去了。就像在中山公园隔壁的太庙一样，黄昏时，人们都挤进中山公园乘凉，太庙冷清清的；只有几个不嫌寂寞的人，才到太庙的参天古松下品茗，或者静默地观看那几只灰鹤（人们都挤在中山公园里看孔雀开屏了）。

景山也实在没有什么可“逛”的，山有五峰，峰各有亭，站在中峰上，可以看故宫平面图，倒是有趣的，古建筑很整齐庄严，四个角楼，静静地站在暮霭中，皇帝没有了，他的卧室，他的书房，他的一切，凭块儿八毛的门票就可以一览无遗了。

做小学生的时候，高年级的旅行，可以远到西山八大处，低年级的就在城里转，景山是目标之一。很小很小的时候，就年年一次排队到景山去，站在刚上山坡的那棵不算高大的树下，听老师讲解：一个明朝末年的皇帝——思宗，他殉国死在这棵树上。怎么死的？上吊。啊！一个皇帝上吊了！小学生把这件事紧紧地记在心中。后来每逢过文津街，便兴起那思古的幽情，恐怕和幼小心灵中所刻印下来的那几次历史凭吊，很有关系吧！

挤老米

读了朱介凡先生的《晒暖》，说到北方话的“晒老爷儿”“挤老米”，又使我回了一次冬日北方的童年。

冬天在北方，并不一定是冷得让人就想在屋里烤火炉。天晴，早上的太阳先晒到墙边，再普照大地，不由得就想离开火炉，还是去接受大自然所给予的温暖吧！

通常是墙角边摆着几个小板凳，坐着弟弟妹妹们，穿着外罩蓝布大褂的棉袍，打着皮包头的毛窝，宋妈在哄他们玩儿。她手里不闲着，不是搓麻绳纳鞋底（想起她那针锥子要扎进鞋底子以前，先在头发里划两下的姿态来了），就是缝骆驼鞍儿的鞋帮子。不知怎么，在北方，妇女有做不完的针线活儿，无分冬夏。

离开了北平，无论到什么地方，都莫辨东西，因为我习惯的是古老方正的北平城，她的方向正确，老爷儿（就是太阳）早上是正正地从每家的西墙照起，玻璃窗四边，还有一圈窗户格，糊的是东昌纸，太阳的光线和暖意都可以透进屋里来。在满窗朝日的方桌前，看着妈妈照镜子梳头，把刨花的胶液用小刷子抿到她的光洁的头发上。小几上的水仙花也被太阳照到了。它就要在年前年后开放的。长方形的水仙花盆里，水中透出雨花台的各色晶莹的彩石来。或者，喜欢摆弄植物的爸爸，他在冬日，用一只清洁的浅瓷盆，铺上一层棉花和水，撒上一些麦粒，每天在阳光照射下，看它渐渐发芽茁长，生出翠绿秀丽的青苗来，也是冬日屋中玩赏的乐趣。

孩子们的生活当然大部分是在学校。小学生很少烤火炉（中学女学生最爱烤火炉），下课休息十分钟都跑到教室外，操场上。男孩子便成群地拥到有太阳照着的墙边去挤老米，他们挤来挤去，嘴里大声喊着：

挤呀！挤呀！
挤老米呀！
挤出屎来喂喂你呀！

这样又粗又脏的话，女孩子是不肯随便乱喊的。

直到上课铃响了，大家才从墙边撤退，他们已经是浑身暖和，不但一点寒意没有了，摘下来毛线帽子，光头上也许还冒着白色的热气儿呢！

卖冻儿

如果说北平样样我都喜欢，并不尽然。在这冬寒天气，不由得想起了很早便进入我的记忆中的一种人物，因为这种人物并非偶然见到的，而是很久以来就有的，便是北平的一些乞丐。

回忆应当是些美好的事情，乞丐未免令人扫兴，然而它毕竟是在我生活中所常见到的人物，也因为那些人物，曾给了我某些想法。

记得有一篇西洋小说，描写一个贫苦的小孩子，因为母亲害病不能工作，他便出来乞讨，当他向过路人讲出原委的时候，路人不信，他便带着人到他家里去看看，路人一见果然母病在床，便慷慨解囊了。小孩子的母亲从此便“弄真成假”，天天假病在床，叫小孩子到路上去带人回来“参观”。这是以小孩和病来骗取人类同情心的故事。这种事情什么时候、什么地方都可以发生的，像在台北街头，妇人教小孩缠住路人买奖券，便是类似的作风。这些使我想起北平一种名为“卖冻儿”的乞丐。

冬寒腊月，天气冷得泼水成冰，“卖冻儿”的（都是男乞丐）出世了，蓬着头发，一脸一身的滋泥儿，光着两条腿，在膝盖的地方，捆上一圈戏报子纸。身上也一样，光着脊梁，裹着一层戏报子纸，外面再披上一两块破麻包。然后，缩着脖子，哆里哆嗦的，牙打着战儿，逢人伸出手来乞讨。以寒冷无衣来博取人的同情与施舍。然而在记忆中，我从小便害怕看那样子，不但不能引起我的同情，反而是憎恶。这种乞丐便名为“卖冻儿”。

最讨厌的是宋妈，我如果爱美不肯多穿衣服，她便要讽刺我：

“你这是干吗？卖冻儿呀？还不穿衣服去！”

“卖冻儿”由于一种乞丐的类型，而成了一句北平通用的俏皮话儿了。

卖冻儿的身上裹的戏报子纸，都是从公共广告牌上揭下来的，各戏院子的戏报子，通常都是用白纸红绿墨写成的，每天贴上一张，过些日子，也相当厚了，揭下来，裹在腿上身上，据说也有保温作用。

至于拿着一把破布掸子在人身上乱掸一阵的乞妇，名“掸孙儿”；以砖击胸行乞的，名为“擂砖”。这等等类型乞丐，我记忆虽清晰，可也是属于陈谷子、烂芝麻，说多了未免令人扫兴，还是不去回忆他们吧！

台上、台下

礼拜六的下午，我常常被大人带到城南游艺园去。门票只要两毛（我是挤在大人的腋下进去的，不要票）。进去就可以有无数的玩处，唱京戏的大戏场，当然是最主要的，可是那里的文明戏，也一样的使我发生兴趣，小鸣钟、张笑影的《锔碗丁》《春阿氏》，都是我喜爱看的戏。

文明戏场的对面，仿佛就是魔术场，看着穿燕尾服的变戏法儿的，随着音乐的旋律走着一颠一跳前进后退的特殊台步，一面从空空的大礼帽中掏出那么多的东西：花手绢、万国旗、面包、活兔子、金鱼缸，这时乐声大奏，掌声四起，在我小小心灵中，只感到无限的愉悦！觉得世界真可爱，无中生有的东西这么多！

我从小就是一个喜欢找新鲜刺激的孩子，喜欢在平凡的事物中给自己找一些思想的娱乐，所以，在那样大的一个城南游艺园里，不光是听听戏，社会众生相，也都可以在这天地里看到：美丽、享受、欺骗、势利、罪恶……但是在一个无忧无虑的小女孩的观感中，她又能体会到什么呢？

有些事物，在我的记忆中，是清晰得如在目前一样，在大戏场的木板屏风后面的角落里，茶房正从一大盆滚烫的开水里，拧起一大把毛巾，送到客座上来。当戏台上是不重要的过场时，茶房便要表演“扔手巾把儿”的绝技了，楼下的茶房，站在观众群中惹人注目的地位，把一大捆热手巾，忽下子，扔给楼上的茶房，或者是由后座扔到前座去，客人擦过脸收集了再扔下来，扔回去。这样扔来扔去，万无一失，也能博得满堂喝彩，观众中会冒出一嗓子：“好手巾把儿！”

但是观众与茶房之间的纠纷，恐怕每天每场都不可免，而且也真乱哄。当那位女茶房硬把果碟摆上来，而我们硬不要的时候，真是一场无味的争执。茶房看见客人带了小孩子，更不肯把果碟拿走了。可不是，我轻轻地，偷偷地，把一颗糖花生放进嘴吃，再来一颗，再来一颗，再来一颗，等到大人发现时，去了大半碟儿了，这时不买也得买了。

茶，在这种场合里也很要紧。要了一壶茶的大老爷，可神气了，总得发发威风，茶壶盖儿敲得呱呱作响，为的是茶房来迟了，大爷没热茶喝，回头怎么捧角儿喊好儿呢！包厢里的老爷们发起脾气来更有劲儿，他们把茶壶扔飞出去，茶房还得过来赔不是。那时的社会，卑贱与尊贵，是强烈地对比着。

在那样的环境里：台上锣鼓喧天，上场门和下场门都站满了不相干的人，饮场的，检场的，打煤气灯的，换广告的，在演员中穿来穿去。台下则是烟雾弥漫，扔手巾把儿的，要茶钱的，卖玉兰花的，飞茶壶的，怪声叫好的，呼儿唤女的，乱成一片。我却在这乱哄哄的场面下，悠然自得。我觉得在我的周围，是这么热闹，这么自由自在。

一张地图

瑞君、亦穆夫妇老远地跑来了，一进门瑞君就快乐而兴奋地说：

“猜，给你带什么来了？”

一边说着，她打开了手提包。

我无从猜起，她已经把一沓纸拿出来了：

“喏！”她递给了我。

打开来，啊！一张崭新的北平全图！

“希望你看了图，能把文津街、景山前街连起来，把东西南北方向也弄清楚。”

“已经有细心的读者告诉我了，”我惭愧（但这个惭愧是快乐的）地说，“并且使我在回忆中去了一次北平图书馆和北海前面的团城。”

在灯下，我们几个头便挤在这张地图上，指着，说着。

熟悉的地方，无边的回忆。

“喏，”瑞妹说，“曾在黄化门住很多年，北城的地理我才熟。”

于是她说起黄化门离帘子库很近，她每天上学坐洋车，都是坐停在帘子库的老尹的洋车。老尹当初是前清帘子库的总管，现在可在帘子库门口拉洋车。她们坐他的车，总喜欢问他哪一个门是当初的帘子库，皇宫里每年要用多少帘子？怎么个收藏法？他也得意地说给她们听，温习着他那些一去不回的老日子。

在北平，残留下来的这样的人物和故事，不知有多少。我也想起在我曾工作过的大学里的一个人物。校园后的花房里，住着一个“花儿把式”（新名词：园丁。说俗点儿：花儿匠），他整日与花为伍，花是他的生命。据说他原是清皇室的一位公子哥儿，生平就爱养花，不想民国后，面对现实生活，他落魄得没办法，最后在大学里找到一个园丁的工作，总算是花儿给了他求生的路子，虽说惨，却也有些诗意。

整个晚上，我们凭着一张地图都在说北平。客人走后，家人睡了，我又独自展开了地图，细细地看着每条街，每条胡同，回忆是无法记出详细年月的，常常会由一条小胡同、一个不相干的感触，把思路牵回到自己的童年，想起我的住室、我的小床、我的玩具和伴侣……一环跟着一环，故事既无关系，年月也不衔接，思想就是这么个奇妙的东西。

第二天晏起了，原来就容易发疼的眼睛，因为看太久那细小的地图上的字，就更疼了！

想念北平市井风貌

《喜乐画北平》中的“市井风貌篇”这辑，他选了自画的十几幅图，无非是街头现做小吃摊、羊肉包子铺，以及井窝子、井台儿、冰上拖床等。要说北平市井风貌，何止这些，本书所辑不过是喜乐已画就的。

看喜乐的画，不由得使我再次回到北平的老日子，在四季分明的北平，你会记得什么季节看到什么，听到什么，做些什么，甚至闻到什么味道！让我以季节来散漫地回忆回忆。

农历正月里，总忘不了在正月十九以前，去一趟白云观。不是为会神仙，不是为打桥底下那个金钱眼，也不是为看那几个打坐的高龄老道，只是为了骑小驴儿，出西便门跑一趟。

骑术并不佳，胆子也不大，比起宋妈跟她当家儿的回牛栏山骑小驴儿的派头儿，差多了；她盘腿儿坐在驴背上，四平八稳的，驴脖子上的铃铛串儿，在雪地里响得清脆可听，驴蹄子嘚嘚嘚嘚的，踏着雪地远去了。我不是那样，我骑的这头小黑驴儿，它也有一串铃铛，因为是大正月，赶驴的爱给他的“驴头马面”打扮打扮，还系上红绿头绳呢！我告诉赶驴的，可别离我太远，小驴儿稍微跑快几步，我四顾无人，就急得哟哟叫。从宣武门脸儿骑上驴，出西便门一里多就到了白云观。

白云观虽然很热闹，但给我的印象却很破旧，也许看过很多大庙宇的关系，如果不是为了要骑驴，还真没兴致来呢！白云观门前墙上嵌着的那个石猴，大家进去都要伸手摸一摸，据说是取其吉祥。石猴被摸得黑污油亮，实在不可爱。进去以后，你就花钱吧，石桥洞里，盘坐着一位老道，无数的铜子儿向他抛去，能抛中老道的，当然又是吉利，这叫“打金钱眼”，这样有去无回的掷钱法，实在也是老道敛钱的好法子。后来币制改了，钞票取代了铜板，没法儿打金钱眼，可就惨了老道们了。

打足金钱眼，再向里走，就跟护国寺、隆福寺的庙会一样，除了吃的就是要的，总是千篇一律的那种套圈儿的玩意儿，不要说十圈九不中，你就套上一百回，也未必能赢回一个小泥狗！再到后院去看房里那几个在炕头儿上打坐的老道士吧，说他们有九十啦，一百啦，究竟是多大岁数，也说不清。

白云观不过如此。赶紧再出来找小驴，风尘滚滚地骑回宣武门来。一年一度的骑小驴儿逛白云观的目的，就算达到了。

春光明媚，还有骑小驴儿上西山的机会。

西山的范围可广了，往大里说，是西山内接太行，外属诸边，磅礴数千里。我骑小驴儿可没这么大本事！西山可说是京西诸山之总名，玉泉山也是西山，碧云寺也是西山，卧佛寺也是西山，八大处也是西山，香山也是西山。古人游西山，尝说“西山寺三百”，甚至说“西山寺五百”，数字虽不准确，但庙宇之多是无疑的。

骑小驴儿上八大处却是我难忘的经历。小驴儿上山有本事，可是它专爱走那羊肠小道，而且还爱溜边儿，如果它一失足，不就滚下高崖深涧了吗？可是它没有，只是使我心惊不已，就紧紧拉住缰绳，“吁——吁——”地喊它。我想小驴儿也是会捉弄人的，谁教你骑了它，使它负担沉重呢！

八大处有名的是秘魔崖，神秘的佛教故事是很美的。那故事说：当年名僧卢师从江南乘船北来，船到了崖下便止而不行，于是卢师就留崖而居。有一天两个小沙弥来拜见卢师，他们说：“师傅，我们愿意永远地伺候您。”卢师便留下了他们，一个名大青，一个名小青。这样过了几年，忽然有一年久旱不雨，大青和小青向卢师说：“我们可以使雨及时而下的。”说着，他们俩就投身潭水里，变成两条青龙，过不久，果然甘霖解旱。

许多诗人写了游秘魔崖的诗，我偏爱七言绝句的这一首：

秘魔崖仄藓文斑，千载卢师去不还；
遣有澄潭二童子，日斜归处雨连山。

骑小驴儿到香山的双清别墅看金鱼，也是难忘的事。听说从双清别墅后面绕出去，往山上爬，可以爬上“鬼见愁”那个山头。我常念叨“鬼见愁”这个名字，可是我从来也不知道它究竟在哪儿。小驴在别墅门外等着，我们进来休息。游客向池里扔下面包，看尺长的金鱼游来，一扭腰一张嘴，一块面包就吃进去了！我们也谈论别墅的一位慈善家，他有怎样一个残废的儿子的故事。那些故事，那别墅是怎样的走法，都不记得，只记得金鱼美丽的游姿和小毛驴儿的丑怪的嘶鸣。

从碧云寺骑小驴儿到卧佛寺，倒不是一条难行的路，也不远。一丈多长的卧佛，总是那么悠闲地斜卧在大殿里，“接见”年年去探望他的小客人。这位小客人，当她还是小小姑娘的时候，就喜欢拜见这卧佛，她知道卧佛是用五十万斤铜铸成的，前清的皇帝都向他献了鞋子，那个摆鞋的玻璃橱里，三双的尺寸尽不相同，无论哪一双，卧佛都穿不进，但供献是一种敬意。

苦念北平

不能忘怀的北平！那里我住得太久了，像树生了根一样。童年、少女和妇人，一生的一半生命都在那里度过。快乐与悲哀，欢笑和哭泣，那个古城曾倾泻我所有的感情，春来秋往，我是如何熟悉那里的季节啊！

春光明媚，一骑小驴，把我们带到西山，从香山双清别墅的后面绕出去，往上爬，大家在打赌，能不能爬上“鬼见愁”的那个山头！我常常念叨“鬼见愁”那块地方，可是我从来也不知道它究竟在哪里。

春天的下午，有时风沙也很大，风是从哪儿吹来的呢？从蒙古那边吹来的吗？从居庸关外那边吹来的吗？春风发狂，把细沙送进了你的眼睛、鼻子和嘴里。出一趟门，赶上风，回来后，上牙打打下牙试试，咯咯吱吱的，全是沙子，真是牙碜。“牙碜”是北平俗话，它常被用在人们的谈话里。比如说：

“瞧，我这两天碰的事儿都别扭，真是，喝凉水都牙碜！”——比喻事不顺心。

“大姑娘哪兴这么说话，也不嫌牙碜！”——比喻言语粗鄙。

“别用手指甲划玻璃好不好，声儿听着牙碜！”——形容令人起寒战的感觉。

“这饭怎么吃着这么牙碜！掺了沙子啦！”——形容咀嚼不适的感觉。

春天看芍药牡丹，是富贵花。中山公园的花事，先是芍药，一池一畦地开，跟着就是牡丹。灯下看牡丹，像灯下观美人一样，可以细细地品赏，或者花前痴望。一株牡丹一个样儿，一个名儿，什么“粉面金刚”“二乔”“金盆落月”。牡丹都是土栽，不是盆栽，是露天的，春天无雨不怕，就是怕春风。有时一夜狂风肆虐，把牡丹糟蹋得不成样子。几阵狂风就扫尽了春意，寻春莫迟，春在北平是这样的短促呀！

许多夏季的黄昏，我们都在太庙静穆的松林下消磨，听夏蝉长鸣，懒洋洋地倒在藤椅里。享受安静，并不要多说话，仰望松林上的天空，只要清淡地喝几口香片茶。各人拿一本心爱的书看吧，或者起来走走，去看看那几只随着季节而来的灰鹤。不是故意到太庙来充文雅，实在是比邻中山公园的情调，有时太嫌热闹了，偶然也要躲在太庙里享受清福。但是太庙早早就要关门了，阵地不得不转移到中山公园去，那里有同样的松林、同样的茶座，可以坐到很久，一直到繁星满天，茶房收拾桌椅，我们才做最后离园的客人。

最不能忘怀的是“说时迟，那时快”的暴雨；西北的天空忽然乌云密布，一阵骤雨洗净了世间的污浊，有时不到一小时的工夫，太阳又出来了，土的气息被太阳蒸发出来，那种味道至今还感到熟悉和亲切。我喜欢看雨后的红墙和黄绿琉璃瓦，雨后赶到北海划小船最写意。转过了北池子，经过景山前的文津街，是到北海的必经之路。文津街是北平城里我最喜爱的一条路，走过那里，令人顿生怀古幽情。

北平的春天，虽然稍纵即逝，秋日却长，从树叶转黄，到水面结冰，都是秋的领域。秋的第一个消息，就是水果上市。水果的种类比号称“果之王国”的台湾并不逊色，且犹有过之。比如枣，像这里的桂圆一样普遍，但是花样却多，郎家园、老虎眼、葫芦枣、酸枣，各有各的形状和味道，却不是单调的桂圆可以比得了。沙营的葡萄，黄而透明，一掰两截，水都不流，才有“冰糖包”的外号。京白梨，细而无渣。鸭儿广，赛豆腐。秋海棠红着半个脸，石榴笑得合不上嘴。它们都是秋之果。

北平的水果贩最会吆唤，你看他放下担子，　手叉腰，一手捂着耳朵，仰起头来便是一长串的吆唤。婉转的吆唤声里，包括名称、产地、味道、价格，真是意味深长。

西来顺门前，如果摆出那两面大镜子的招牌——用红漆一面写着“涮”，一面写着“烤”，便告诉人，秋来了。从那时起，口外的羊，一天不知要运来多少只，才供得上北平人的馋嘴啊！

北平的秋天，说是秋风萧索，未免太凄凉！如果走到熙熙攘攘的西单牌楼，远远地就闻见炒栗子香。向南移步要出宣武门的话，一路上是烤肉香。到了宛老五的门前，不由得你闻香下马。胖胖的老五，早就堵着房门告诉你：“还要等四十多人哪！”羊肉的膻，栗子的香，在我的回忆中，是最足以代表北平季节变换的气味了！

每年的秋天，都要有几次郊游，觅秋的先知先觉者，大半是青年学生，他们带来西山红叶已红透的消息，我们便计划前往。星期天，海淀道上寻秋的人络绎于途。带几片红叶夹在书里，好像成了习惯。看红叶，听松涛，或者把牛肉带到山上去，吃真正的松枝烤肉吧！

结束这一年最后一次的郊游，秋更深了。年轻人又去试探北海漪澜堂阴暗处的冰冻了。如履薄冰吗？不，可以溜啰！于是我们从床底下捡出休息了一年的冰鞋，弹去灰尘，擦亮它，静待升火出发，这时洋炉子已经装上了。秋走远了。

这时，正是北平的初冬，围炉夜话，窗外也许下着鹅毛大雪。买一个赛梨的萝卜来消夜吧。“心里美”是一种绿皮红瓤的，清脆可口。有时炉火将尽，夜已深沉，胡同里传出盲者凄凉的笛声。把毛毯裹住腿，呵笔为文，是常有的事。

离开北平的那年，曾赶上最后一次“看红叶”，冰鞋来不及捡出，我便离开她了。飞机到了上空，曾在方方的古城绕个圈，协和医院的绿琉璃瓦给了我难忘的最后一瞥，我的心颤抖着，是一种离开多年抚育的乳娘的滋味。

这一切，在这里何处去寻呢？像今夜细雨滴答，更增我苦念北平。

友情

似乎只有春夏两季的岛上生涯过得真快，一转眼间就是三年了。今天，白天听着巷子里叫卖椪（pèng）柑的声音，晚上按摩的盲者又拖着木屐，吹着笛子从窗前经过，和三年前自基隆舍舟登岸后，借住在东门二妹家的情景一模一样。

邻居的一品红开得正盛，陪伴着一株高大的橡皮树，在墙头迎风招展。在北平，这是珍贵的“盆景”，此刻正陈列在生了洋炉子的客厅里，和冷艳的蜡梅并列。

想到了北平，便不能忘怀扔在那里的一大片，家搬到那里二十多年了，可留恋的东西实在很多，衣服器物，只要有钱原可以再购置，但是书籍，尤其照片，如果丢了就没有法子补偿。更可怀念是那一帮朋友——那一帮撇着十足京腔的朋友，他们差不多都没舍得离开那住进去就不想走的古城，现在不但书信不通，简直等于消息断绝。

这些朋友，有的是同事，有的是同学，有的是同乡，有的兼有以上两种或三种的资格。我们从梳着两条小辫儿一同上学到共同做事养家，又到共同研究哺育子女方法，几十年都没有离开这城圈儿，现在却像分居在两个世界里，不知何日重见。和这些朋友彼此互悉家世，了解性格，而且志趣相投，似乎永远没有断交的可能。但是经过长期的和世事封锁，将来再见，也想象不出他们那时是何等情景了。

我刚回到台湾时，幸运的是家人大部分团聚，甚至还多了许多亲戚长辈。不过寂寞的是友谊突然减少，偶然有剩余的时间，觉得无所寄托，认识的人虽多，可以走动的朋友却极少，值得饮“千杯酒”的知己更少。所以我那时常对人说：回到台湾，理论上是还乡了，实际上却等于出了远门儿，因为只有到一个新地方才感觉到没有朋友的寂寞，“出门靠朋友”，没有朋友便有流亡身世，无所依靠之感。

幸亏第一个来填补这个“感情的真空”的是乡情，我所能感觉到的乡情有两种，一种是台湾的，许多亲友听说我“少小离家老大回”，都来接风叙旧，对于我的“乡音未改”，尤其感到愉快。另一种是大陆的，例如山东朋友明明听到我是“京油子”，却坚持要称我是“老乡”，广义地说，都是从大陆上来的；再狭义一点儿，好像我们都有资格参加华北运动会，他却不晓得我是回了“本乡本土”的呢！反而是到了台湾人的面担子上，老板娘却坚持说我连“半山”都不像。

第二个是，友情之门忽然开放，许多“不速之客”闯了进来，这完全是因为偶然在报章杂志写写稿子的缘故，日子一多，纸上也熟悉了。以文会友，一封表示“久仰”的信便可以建立了友情。

这许多新朋友是分住在各地的，有的在热闹的城市，有的在安静的小城镇，有的在风景区。台湾的交通便利，旅行成了极平常的事，再远的地方也不过朝发夕至。无论新朋友老朋友，都是到一处，搅一处，一地有一地的情味，一处有一处的风光，虽然台湾的恶酒不足以论文，甚至会吓跑了文思，但是做客异地，秋窗夜话，已经够得上是件乐事了。我常常感觉到，即使从小看大，乃至天天见面的老朋友，有些共同生活反而不容易产生，例如昔人说“联床夜话”，想一想，越是亲近如邻居，反而不会有这种乐趣的。

木屋生活是有趣的，榻榻米上可以许多人拥被围坐，中间放一只矮脚桌，烟茶果点，有备无患。如逢冬夜，加上火盆一只，烧着熊熊的相思炭，上面烧水、烤薯、煮咖啡，无往而不利。战火余生，得到这样自由自在的生活，真该谢天谢地了。

两年来，在台湾交的新朋友，寄来的信已经塞得满满一抽屉。台北的电话太少，本市的朋友也要靠绿衣人联络，所以写信也成了伏案生活的一部分。写信有好处，“物证”在手，闲时可供消遣，必要时也可资覆按，比起话说过了不存形迹，另是一番趣味。

信笔至此，风正吹着门窗咯咯作响，雨打椰树发出沙沙的声音来。若有足音到窗前而止，敲着玻璃问道：“海音在家吗？”我必掷笔而起，欣然应道：“在家在家，快请进来坐，乌龙茶是刚沏好的啊！”

黄昏对话

秋很高，黄昏近了，她的颜色像浓红的醇酒，使人沉醉。我在这时思想游离了，想到西山的红叶，但是沉醉在这个黄昏下的，却是摇曳的大王椰子；绿色的椰叶上蒙着一层黄昏的彩色，她轻轻地摇摆着。

妈妈不知在什么时候穿过摇摆的椰树来了。

妈妈的银发越来越多了，它们不肯服帖在她的头上，一点小风就吹散开，她用手拢也拢不住。她进来一坐下就说：

“我想起那个名字来了。”

她的牙齿也全部是新换的，很整齐，但很不自然地含在嘴里，使得她的嘴形变了，没有原来的好看，一说话也总要抿呀抿的。我说：

“什么名字呀？”

她脱掉姻伯母修改了送给她的旧大衣，流行的样子，但不合妈妈的身材。她把紫色的包袱打开，拿出一个纸包来：

“刚蒸的，你吃不吃？我早上花了一盆面，用你们说的那种花混。”她递给我一个包子，还温和，接着又说，“就是那个，一种花的名字。”

她想了想，又忘了。

我把包子咬了一口，刚要说什么，美丽过来了，她说：

“婆婆，你别说花混好不好！你说发粉，你说，婆，你说——发粉。”

妈妈笑了笑，费力地说：“花、混。”她知道还是没说对，笑了，“别学我好不好？”

“你不是说你是老北京吗？”美丽又开婆婆的玩笑。

“北京人对婆婆说话要说您，不能你你你的。只有你哥哥还和我说您。”

“我哥哥是马屁精，他想跟你要舅舅的旧衣服穿，就叫您您您的！”美丽说完跑掉了，妈妈想拍她一下也没拍着。

我想起来了，又问：

“您到底说的什么花的名字呀？”

“对了，”妈妈也想起来了，“就是你那天说你爸爸喜欢种的，台湾话叫煮饭花，北京人叫什么来着，瞧我又忘了。”

“再想想。”

“想起来了，”妈妈高兴地又抿抿嘴，“茉莉花。”

“茉莉花？怎么也叫茉莉花呢？茉莉花是白的，插在头上，或是放在茶叶里的呀！”

“就是也叫茉莉花，一点不错。”

“台湾话为什么叫煮饭花呢？”

“要煮饭的时候才开的意思。”

“那也是在该煮晚饭的时候。可不是，爸爸每天下班回来，从外院抱着在门口迎接他的燕生呀，阿珠呀，高高兴兴地进来了，把草帽向头后一推，就该浇花了。这种茉莉花的颜色真多，我记得还有两色的，像黄的上面带红点，粉红的上面带紫点，好像这里的啼血杜鹃花。”

“你记不记得这种花结的籽？”

“怎么不记得，黑色的，一粒粒像豌豆那么大，掰开来，里面是一兜粉，您说可以搽的，可以搽吗？您搽过吗？”

“可以搽，可是我没搽过。”

“您搽粉也真特别，总是不用粉扑，光用手抹了粉往脸上来回搽着，那是为什么？”

“用手搽混，比混扑还好用哪！”妈妈的“混”又来了。

“那您现在怎么又不用手了呢？”

“现在的混扑好用呀？”

妈妈说着就用手往脸上来回搓了一遍，这是她平常的习惯，这样搓一遍，脸上好像舒服了。我看着她的皮肤在这几年松弛多了，颈间的皮，在箍紧的领圈里挤出来，一下子就使我想到“鸡皮鹤发”这四个字上去。妈妈大概也在想什么，黄昏的浓酒的颜色更浓了，它的余晖从墙外，从树隙中穿过来，照在廊下的玻璃上，妈妈坐在那旁边，让黄昏笼罩在她的银发上，使我想到茉莉花池旁妈妈的年轻时代。不知道妈妈在想什么？会在想我的婴孩时代吗？偎在她的怀里吃奶？梳紧了我的一根又黄又短的小辫子？为了被猫叼去的小油鸡在哭泣？为了不肯上学被爸爸痛打？但是妈妈这时微笑说：

“你爸爸能把一挑子花都买下来，都没地方种了，就全栽在后院墙脚下，你记得吧？”

又是爸爸的花！

“我记得，后面那个没人去的小小、小小的院子，顺墙还种了牵牛花呢！到了冬天，花盆都堆在空屋里，客厅里又换了从厂甸买来的梅花，对不对？”

妈妈点点头。

我又想起来了：“好像爸爸的花，您并不管嘛！”在我的印象中，没有妈妈浇花、种花的姿态，她只是上菜场，买这样买那样，做了给爸爸吃，他还要吹毛求疵，说妈妈这样那样弄不好。只有一回妈妈不管了，因为爸爸宰了一只猫吃。我说：

“您记得爸爸宰猫的事吧？”

“哼！”妈妈皱皱鼻子，好像还闻得见三十多年前的猫腥味儿，“你的太婆，就曾自己宰过一只小狗吃，因为没有人敢宰。”

太婆自己宰狗吃的故事，我听过好几次了，就是爸爸宰猫的事，我也记得很清楚，而且我也是吃猫的当事人之一，但是我喜欢再谈到它，好像重温功课一样，一遍比一遍更熟悉我的童年，虽然它越过越远。

“爸爸怎么想起要吃猫来啦？”我问。

“也巧，虎坊桥厨房的房顶上有个天窗，你记得吧？原来没有糊纸的，那次糊房子就给糊上了一层纸，刚好一只又肥又大的野猫踏了空，便从天窗掉下来，跌得半死，你爸爸立刻想到宰了吃。”

“我记得是车夫老赵帮着弄的。”

“是嘛！猫皮扒下来，老赵还拿去卖钱呢！”

“那锅肉怎么煮的？”

“像红烧肉一样红烧的呀！切了块儿。”

“哎哟！”我耸耸肩，咧咧嘴，表示怪恶心的样子，但是妈妈笑了：

“你还哎哟哪！你吃得香着哪！只有你爸爸和你和你弟弟吃。我们可是离得远远的！”

是受了爸爸这方面籍贯的遗传吧，我们的祖先是来自狗猫猴蛇都吃的那个省份，说是最讲究吃，其实多少还带点儿野性。

“后来呢？”其实结果我早知道，但是还要听妈妈讲一遍。

“后来那只锅，怎么洗，我也恶心，老有一股味道，我就把它扔掉了。”

“猫肉什么味儿？”我问妈。

“你吃过的呀！”

“可是早忘了。”

“是酸的，听说。”

妈妈站起来，扑掸着落在身上的香烟灰。她又点起了一支香烟。

黄昏越来越浓了。美丽过来，捻开电灯，屋里亮了，屋外一下子跌入黑暗中。

美丽说：“婆婆，你在这里吃饭吧，天都黑了。”

“我在这里吃饭？你舅舅呢，那你舅舅回家吃什么？”

“讨厌的舅舅，谁教他不快结婚！”

妈妈坚持要走，她走过去收那块紫色的包袱，发现她带来的包子被三个女孩子吃光了，她说：

“也不懂给你爸爸留，我特别做的冬笋下。”

“婆婆，读‘馅儿’，不是‘下’！”然后她们打开了冰箱，“看！”

妈妈看见里面留着还有，安心地笑了。

妈妈穿起那件不合体的大衣，走到院子里，黄昏的风又吹开她的银发，我想说，拿发夹夹上吧，但是三个女孩子已经拥着妈妈走出门去了。

主要人物关系

◇ 英子

很小便与父母来到北京，面对身边的人和事，总充满着各种各样的疑惑和不解，天真活泼，正义善良，勇敢，聪明，有爱心，坚强。

◇ 妞儿

一生下便被遗弃，是英子最好的朋友。英子认为她就是秀贞口中的小桂子，怯弱，文静，坚定，勇于反抗。

◇ 秀贞

惠安馆的疯子，因爱人和孩子的相继离开深受打击，有着小姑娘般的天真、含蓄、羞怯，也有着对生活命运抗争的坚强不息。

◇ 偷儿

收买破铜烂铁的小偷，后因英子的无心之举而被抓，内心充满酸楚、凄凉与无奈。

◇ 兰姨娘

施大爷的姨太太，后与英子叔叔德先共同投奔新生活，乐观，好强，敢于反抗恶环境，敢于追求自己的幸福生活与自由。

◇ 宋妈

英子家的奶妈，为了生计，舍下儿女，从乡下来到城里，隐忍，坚强，质朴，善良，对英子一家有着真挚的爱。

◇ 英子父亲

英子生活的教官、危难时的避难所和最稳固可靠的保护者，严谨，仗义，对儿女既严厉又慈爱。

◇ 英子母亲

总是忙忙碌碌，对子女充满了母亲的慈爱，充满智慧、坚忍、大度，同情弱者。